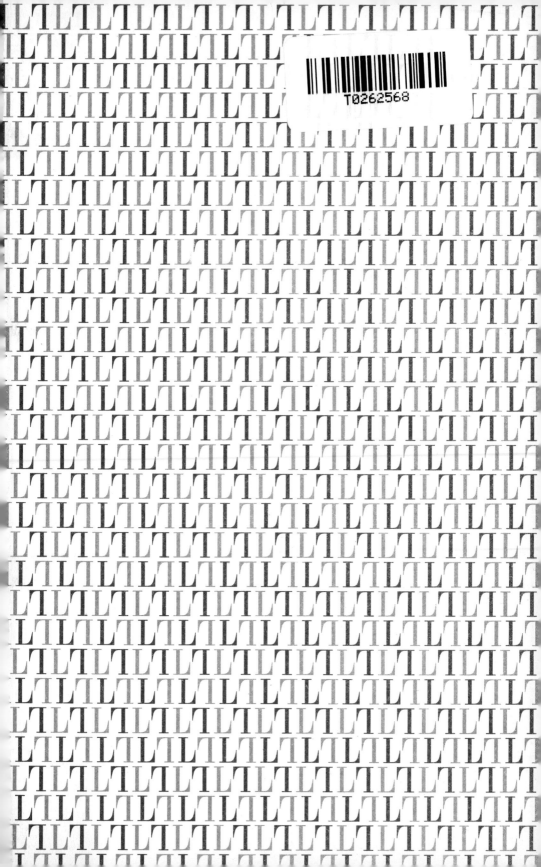

Recuerdos de mi inexistencia

Recuerdos de mi inexistencia

Rebecca Solnit

Traducción del inglés de
Antonia Martín

Lumen

narrativa

Papel certificado por el Forest Stewardship Council®

MIXTO
Papel procedente de
fuentes responsables
FSC® C117695

Penguin
Random House
Grupo Editorial

Título original: *Recollections of My Nonexistence*

Primera edición: febrero de 2021

© 2020, Rebecca Solnit
© 2021, Penguin Random House Grupo Editorial, S.A.U.
Travessera de Gràcia, 47-49. 08021 Barcelona
© 2021, Antonia Martín Martín, por la traducción
Fotografía de la p. 7: cortesía de la autora
Agradecemos el permiso de reproducción a Frances Levine por el extracto de «Never Before»,
y a City Lights Books (www.citylights.com) por «Rant», de Diane di Prima,
Pieces of a Song; © 1990, by Diane di Prima.

Printed in Spain – Impreso en España

ISBN: 978-84-264-0826-6
Depósito legal: B-19.160-2020

Compuesto en M. I. Maquetación, S. L.
Impreso en Egedsa (Sabadell, Barcelona)

H 4 0 8 2 6 6

Índice

La casa del espejo

1

Un día, hace mucho tiempo, estaba frente a un espejo de cuerpo entero cuando me miré en él y vi que mi imagen se oscurecía y se atenuaba, y luego parecía retroceder, como si estuviera desvaneciéndome del mundo en vez de que mi mente estuviera expulsándolo de sí. Me sujeté al marco de la puerta situada frente al espejo, al otro lado del pasillo, y mis piernas cedieron. Mi imagen se alejó hasta sumirse en la oscuridad, como si yo fuera tan solo un fantasma que se esfumara ante mi vista.

En aquella época perdía el conocimiento de vez en cuando y me mareaba a menudo, pero aquel día no se me olvida porque pareció que no era el mundo el que se desvanecía de mi conciencia, sino yo quien se desvanecía del mundo. Era la persona que se volatilizaba y la persona incorpórea que la observaba desde lejos, ambas y ninguna. En aquel tiempo intentaba desaparecer y aparecer, intentaba protegerme y ser alguien, y con frecuencia esos propósitos estaban reñidos. Y me miraba para ver si adivinaba en el espejo qué podría ser yo, si era lo bastante buena y si lo que me habían dicho sobre mí era cierto.

Ser una mujer joven significa enfrentarse a la propia aniquilación de multitud de formas, huir de ella o conocerla, o las tres cosas a la vez. «La muerte de una mujer hermosa es, sin duda, el tema más poético del mundo», dijo Edgar Allan Poe, que no debió de imaginarla desde la perspectiva de las mujeres que prefieren vivir. Yo intentaba no ser el tema de la poesía de otra persona y que no me mataran; intentaba encontrar una poética propia, sin mapas, sin guías, con poca cosa para avanzar. Tal vez estuvieran por ahí, pero yo no los había localizado aún.

La lucha por encontrar una poesía en que se celebre nuestra supervivencia y no nuestra derrota, quizá por encontrar nuestra propia voz para afirmarla, o al menos por encontrar la manera de sobrevivir en medio de un *ethos* que disfruta borrándonos y viéndonos fracasar, es un esfuerzo que muchas jóvenes, tal vez la mayoría, deben realizar. En aquellos primeros años no lo hice especialmente bien o con excesiva claridad, pero sí con fiereza.

A menudo ignoraba a qué me oponía y por qué, y en consecuencia mi rebeldía era turbia, incoherente, caprichosa. Ahora, cuando veo que las jóvenes de mi entorno libran las mismas batallas, me vienen a la memoria aquellos años de no sucumbir, o de sucumbir como quien se hunde en un pantano y se agita para salir, una y otra vez. La lucha no era solo por la supervivencia física, aunque ese combate podía ser bastante intenso, sino para sobrevivir como persona dotada de derechos, incluidos el derecho a la participación, a la dignidad y a tener voz. Más que a sobrevivir, pues: a vivir.

La directora, escritora y actriz Brit Marling dijo hace poco: «En parte, una sigue sentada en esa silla de esa habitación aguantando el acoso o el maltrato de un hombre con poder porque, como mujer, rara vez ha concebido otro final para ella. En las novelas que ha leído, en las películas que ha visto, en los cuentos que le han contado desde que nació, la mayor parte de las veces las mujeres tienen un final desastroso».

El espejo en el que me vi desaparecer se encontraba en el apartamento donde viví un cuarto de siglo, desde unos meses antes de cumplir los veinte. Los primeros años que pasé allí se correspondieron con la época de mis batallas más feroces: algunas las gané, otras me dejaron cicatrices que todavía tengo, muchas me formaron de tal modo que no puedo decir que desearía que todo hubiera sido distinto, pues entonces habría sido otra persona, y esa persona no existe. Yo sí. Pero puedo desear que las jóvenes que vienen detrás de mí puedan saltarse algunos de los obstáculos de antaño, y algunos de mis textos han tenido esa finalidad, al menos nombrando esos obstáculos.

2

Otra historia de un espejo: cuando tenía unos once años, mi madre me llevó a una zapatería para que me comprara las botas de motorista que me gustaban en aquella época en que intentaba no ser esa cosa despreciable, una chica, y ser lo que parecía una cosa aparte, robusta, preparada para la acción; pero algo más hizo que la tienda sea inolvidable. Si me situaba delante de los espejos que bordeaban ambos lados del pasillo central, veía una imagen de una imagen de una imagen de una imagen de mí misma o de los taburetes o de lo que fuera, cada una más desvaída, tenue y remota que la anterior; imágenes que se expandían hacia delante, más allá, al parecer de forma infinita, como si un océano se extendiera allí mismo con sus reflejos y yo viera cada vez mejor las profundidades verde mar. No era mi yo lo que trataba de vislumbrar entonces, sino lo desconocido.

Más allá de cualquier principio hay otro principio, y otro, y otro, pero para mí un punto de partida sería mi primer viaje, ocho años después, en el 5 Fulton, la línea de autobús que divide en dos la ciudad y que, desde su centro, junto a la bahía de San Francisco, sigue hacia el oeste por Fulton Street hasta el océano Pacífico. Lo esencial de esta historia ocurre en medio de esa ruta, en medio de la ciudad, pero sigamos unos instantes en ese autobús mientras sube con esfuerzo la cuesta más allá de la iglesia jesuita cuyas torres brillan con la luz de la mañana, avanza a lo largo del parque grande por la parte sur de la calle y deja atrás una avenida tras otra de casas cada vez menos apretujadas sobre una tierra que en realidad es solo arena, hasta esa franja arenosa que se junta con el océano Pacífico, el cual cubre casi un tercio del planeta.

En ocasiones el mar entero parece un espejo de plata martillada, aunque es demasiado turbulento para retener muchos reflejos; es la bahía la que lleva un cielo reflejado en su superficie. En los días más hermosos no hay palabras para los colores de la bahía de San Francisco y el cielo que la corona. A veces en el agua se refleja un cielo al mismo tiempo gris y dorado, y el agua es azul, es verde, es plateada, es un espejo de ese gris y ese dorado que atrapa en sus ondas la calidez y la frialdad de los colores, es todos ellos y no es ninguno, es algo tan sutil que nuestro lenguaje no puede describirlo. A veces un pájaro se zambulle en el espejo del agua y desaparece en su propio reflejo, y la superficie reflectante impide ver lo que se extiende por debajo.

En ocasiones, al nacer y al morir el día, el cielo opalino no exhibe un color para el que tengamos palabras, el dorado se convierte en azul sin la interposición del verde, que está a medio camino de ambos colores, los intensos tonos cálidos que no son el albaricoque, el carmesí ni el dorado; la luz se transforma segundo a segundo, de modo que el cielo presenta más tonalidades de azul de las que sabemos enumerar mientras palidece desde donde se encuentra el sol hasta el otro extremo, en el que aparecen otros colores. Si una aparta la vista un segundo, se pierde un tono para el que nunca existirá un vocablo, y ese tono se transforma en otro y en otro. A veces los nombres de los colores son jaulas que contienen lo que no les corresponde, y a menudo ocurre lo mismo con el lenguaje en general, con palabras como «mujer», «hombre», «niño», «adulto», «seguro», «fuerte», «libre», «verdadero», «negro», «blanco», «rico», «pobre». Necesitamos las palabras, aunque las usamos mejor si sabemos que son contenedores que siempre se desbordan y revientan. Siempre hay algo más allá.

3

En ocasiones se entrega un regalo y ni quien lo da ni quien lo recibe conocen sus verdaderas dimensiones, y lo que parece ser al principio no es lo que será al final. Al igual que los principios, los finales tienen infinidad de recovecos, capas superpuestas, consecuencias que se propagan formando ondas. Un domingo de invierno, cuando era una joven ignorante y pobre sin apenas amistades, fui a ver un apartamento para alquilar. Había encontrado la lista en la sección de anuncios clasificados del periódico, unas cuantas líneas pequeñitas de información en esa tupida cuadrícula gris que en su mayor parte describía lugares que estaban por encima de mis posibilidades. La gente se había reído de mí cuando había dicho que buscaba algo por doscientos dólares al mes, un precio bajísimo incluso entonces, pero no podía permitirme pagar más aquel último semestre de mi formación universitaria, aquel tercer año de mi independencia económica.

En la época en que buscaba casa vivía en una habitación minúscula con una ventana que daba a un patio de luces, pese a lo cual era todo un lujo porque tenía baño propio en aquel apartahotel donde las otras habitaciones tenían baños compartidos al fondo del pasillo. Todo el edificio disponía de una única cocina mal iluminada donde nos robaban la comida que guardábamos en el frigorífico, o bien se llenaba de cucarachas o ambas cosas. El resto de los huéspedes eran personas a las que la vida no parecía haberles ido bien. Yo tenía diecinueve años y mi vida aún no había arrancado; todavía me encontraba al comienzo del proceso de tratar de averiguar en quién me convertiría y cómo lograrlo: la tarea habitual para alguien de mi edad. (A los quince años me había sacado el diploma equivalente al título de educación secundaria, a los dieciséis había empezado a estudiar a tiempo completo en una escuela técnica superior, de donde a los diecisiete pasé a una universidad con carreras de cuatro años; con diecinueve cursaba cuarto en la Universidad Estatal de San Francisco, el centro para la clase trabajadora situado en el extremo ventoso de la ciudad.)

Subí al 5 Fulton cerca del ayuntamiento, y el autobús me llevó por barrios de viviendas de protección oficial; por delante de una iglesia de Fillmore Street ante cuya puerta se había congregado un grupo de lúgubres hombres negros trajeados para asistir a un funeral; por delante de casas viejas de madera ornamentadas y tiendas de vinos y licores situadas en esquinas. Subió por una cuesta de Lyon Street, donde me bajé, y siguió avanzando pesadamente hacia el Pacífico. Encontré la dirección, un edificio con la puerta principal retirada de la fachada, a la que por mayor seguridad habían añadido, como a otras muchas de la zona, una verja de hierro forjado. El felpudo del interior estaba sujeto a la ranura del correo con una cadena oxidada y un candado. Llamé al timbre del portero, subí con paso cansino el primer tramo de escaleras cuando me abrió, lo encontré en la puerta de su apartamento y me mandó a la segunda planta para que viera el que había justo encima del suyo.

El lugar me pasmó por su belleza. Un estudio esquinero, cuyo salón tenía dos ventanas saledizas, una hacia el sur y la otra hacia el este, por las que la luz entraba a raudales. Suelos de roble dorado, altos techos de bordes redondeados y paredes blancas con paneles de molduras rectangulares. Puertas con paneles de vidrio y pomo de cristal. Cocina independiente con una ventana que daba al este y que estallaría de luz por las mañanas cuando el sol se elevara por encima de la gran casa de enfrente. Era luminoso, casi celestial, un lugar de cuento de hadas, enorme y exquisito en comparación con las espartanas habitaciones individuales en las que había vivido la mayor parte del tiempo desde que me fui de casa poco después de cumplir los diecisiete. Lo recorrí durante un rato como si flotara y bajé a decirle al portero que lo quería. «Si lo quieres, deberías quedártelo», me dijo amablemente. Yo lo quería con verdadera pasión; jamás había soñado que pudiera tener algo tan bonito, y vivir en él me parecía todo un sueño.

El portero era un hombretón negro de sesenta años, alto, robusto, fuerte, a todas luces muy apuesto en el pasado y con una planta imponente todavía. Tenía la voz grave y estruendosa, y si ese día vestía como la mayor parte de los días en que lo traté, debía de llevar puesto un mono. Me condujo al salón de su casa. Esa tarde de domingo de Super Bowl, en que jugaba un equipo de la ciudad y de las casas del vecindario surgía un bramido con cada gol marcado, él veía a unos negros que tocaban blues en el enorme televisor colocado sobre una mesa cercana a otra de póquer hexagonal con superficie de fieltro verde, mientras la luz del exterior se filtraba por las anticuadas persianas de tablillas anchas que cubrían las ventanas saledizas. Cuando me entregó la solicitud de alquiler, se me cayó el alma a los pies. Le conté que la usurera gestoría de tugurios cuyo nombre figuraba en la cabecera del impreso ya me había rechazado. Delante de mis ojos, un empleado había tirado con desdén mi solicitud a la papelera colocada junto al escritorio: no tenía bastante dinero para alcanzar sus mínimos.

El portero me dijo que él no les revelaría el engaño si yo conseguía que una señora mayor respetable presentara la solicitud. Acepté la propuesta y le pregunté a mi madre, que se había negado muchas veces a jugársela por mí, si estaba dispuesta a hacerlo. En aquella ocasión se arriesgó, rellenó el formulario y lo entregó. La gestoría no desconfió de que una blanca propietaria de una casa al otro lado del Golden Gate quisiera el apartamento. Creo que mi madre dijo que le quedaba más cerca del trabajo, porque llevaba la contabilidad de una agencia de artistas de la ciudad. Con toda probabilidad se lo alquilaron de forma automática por ser la persona con la economía más impresionante que solicitaba una vivienda pequeña en un barrio negro.

Durante los ocho años siguientes pagué el alquiler todos los meses mediante un giro postal que firmaba con el nombre de mi madre. El contrato de arrendamiento especificaba que la persona que lo había firmado debía ser quien viviera en el estudio, de modo que oficialmente yo no existía en mi casa, que oficialmente no era mía. Aunque acabé pasando años allí, durante mucho tiempo tuve la sensación de que me echarían en cualquier momento y de que debía dejarme ver lo menos posible, lo cual reforzó la tendencia al sigilo, la costumbre de tratar de pasar inadvertida, que había desarrollado de niña. Más adelante la gestoría inmobiliaria descubrió que la persona que ocupaba el apartamento no era la firmante del contrato y preguntó al portero qué ocurría. Él les garantizó que era una inquilina pacífica y responsable y no sucedió nada, pese a lo cual seguí sin sentirme segura.

El portero se llamaba James V. Young. Siempre le llamé «señor Young». En algún momento comentó que yo era la primera persona blanca que residía en el inmueble desde hacía diecisiete años. La mayor parte de los otros vecinos eran parejas mayores, aunque había una madre soltera que vivía con su simpática hija en otro estudio del edificio, el cual tenía dos plantas y siete apartamentos que daban a la escalera, con los garajes en la planta baja. Yo no acababa de asimilar que me hubiera mudado a un barrio negro; me enseñaría muchas cosas durante los años siguientes, y me quedaría tanto tiempo en él que, cuando me fui, me fui de una zona de clase media blanca cuyos edificios apenas habían cambiado, aparte de la pintura, pero donde se había transformado todo lo demás y había muerto algo esencial.

Yo también cambié. La persona que se marchó de allí en el siglo XXI no era la que había llegado muchos años antes. Existe un hilo de continuidad. La niña es madre de la mujer, pero hubo tantos acontecimientos, tantos cambios, que pienso en aquella joven larguirucha y angustiada como en alguien a quien conocí de manera íntima, alguien por quien desearía haber podido hacer más, alguien que me inspira la misma lástima que a menudo siento por las mujeres de su edad con las que trato; esa persona de hace tiempo no era exactamente yo, no se parecía a mí en aspectos fundamentales, pero de todos modos era yo, una inadaptada torpe, una soñadora, una vagabunda inquieta.

4

La palabra «adulto» da a entender que quienes han alcanzado la mayoría de edad legal forman una categoría coherente, pero las personas somos viajeras que cambian y cruzan un territorio que va transformándose a medida que avanzamos. El camino está en mal estado y es dúctil. La infancia se diluye poco a poco en algunos aspectos y nunca acaba en otros; la adultez llega en pequeñas entregas desiguales, si es que llega; cada persona tiene su propio calendario o, mejor dicho, no existe ninguno para las numerosas transiciones. Cuando una se va de casa, si es que la tiene, cuando parte sola, es alguien que ha sido niña la mayor parte de su vida, aunque no está bien definido lo que significa ser niña.

Algunas personas cuentan con otras que las cuidan, les costean los gastos y a veces las tienen encerradas toda la vida; a algunas las destetan poco a poco; algunas cortamos por lo sano y nos valemos por nosotras mismas, y algunas siempre lo hicieron. Con todo, una vez fuera y a solas eres una recién inmigrada en el país de los adultos, cuyas costumbres te resultan extrañas: vas aprendiendo a unir las piezas de una vida, a discurrir cómo será esa vida, quién formará parte de ella y qué harás con tu autodeterminación.

En tu juventud te encuentras caminando por un largo sendero que se bifurcará una y otra vez, tu vida está plagada de decisiones con tremendas consecuencias imprevisibles y rara vez se te permite volver atrás para elegir la otra ruta. Estás forjando algo, una vida, una identidad, y es una tarea de gran intensidad creativa en la que, por otra parte, es más que posible fracasar, un poco, mucho, estrepitosamente, de manera desastrosa. La juventud es una empresa de alto riesgo. Un día, más o menos por la época en que me mudé al edificio del señor Young, se me acercaron los miembros de una secta cuando cruzaba una plaza cercana al ayuntamiento. A principios de la década de 1980 las sectas que habían causado tanto daño en los setenta aún no habían desaparecido. Parecían ser la consecuencia de que se diera rienda suelta en las libertades anárquicas de aquel tiempo a personas criadas para obedecer a la autoridad. Como una forma en apariencia radical de regresar al conservadurismo de la obediencia ciega y la rígida jerarquía, constituían una grieta entre dos modos de ser en la que mucha gente podía caer.

A veces los pájaros vuelven a la jaula cuando se deja la puerta abierta, y a veces las personas con la libertad de tomar sus propias decisiones optan por renunciar a esa facultad. En la plaza intuí por un instante, con claridad y de manera visceral, qué ofrecían y por qué resultaba tentador para la gente de mi edad: la posibilidad de devolver el peso de la responsabilidad que acompaña a la edad adulta, de no tener que tomar decisiones a diario o lidiar con sus consecuencias; la posibilidad de regresar a algo similar a la infancia y alcanzar una apariencia de seguridad no ganada con esfuerzo, sino otorgada. Presentí que en esa renuncia a la libertad se ocultaba la exención de la capacidad de actuar en el mundo, pero yo adoraba mi independencia y mi privacidad, mi capacidad de actuar en el mundo e incluso parte de mi profunda soledad, y nunca se dio la menor posibilidad de que me despojara de ellas.

He conocido a personas nacidas en familias felices que parecían tener que esforzarse poco en la vida adulta: se comportaban como les habían enseñado a comportarse; eran las bellotas que no caían lejos del árbol; se hallaban en un camino que no se bifurcaba, o no les aguardaba ningún viaje porque ya habían llegado antes de partir. Cuando era joven les envidiaba la comodidad de sus certezas. De mayor sentí lo contrario respecto a las vidas que no precisan demasiada autoinvención ni actitud inquisitiva. Había una verdadera libertad en estar sola y una especie de tranquilidad en no rendir cuentas a nadie.

Conozco a jóvenes que parecen tener claras sus necesidades y su identidad, sus emociones y los sentimientos de otros, de un modo que me resulta increíblemente avanzado. Yo también fui una extranjera vagabunda en ese territorio de la vida interior, y mis intentos por orientarme y encontrar un lenguaje para describir lo que ocurría dentro eran aburridos, torpes y penosos. Si tenía suerte en la tarea, era la suerte de ser capaz de seguir evolucionando, de cambiar de manera gradual, imperceptible, unas veces a propósito, otras con modificaciones minúsculas y avances invisibles para mí. La suerte de ser una bellota que no dejaba de rodar. En aquel pequeño apartamento encontré un hogar donde metamorfosearme, un sitio donde quedarme mientras cambiaba y me creaba un lugar en el mundo. Acumulé habilidades, conocimientos y, al final, amistades, además de adquirir una sensación de pertenencia. O mejor dicho, al crecer descubrí que los márgenes podían ser el lugar más rico, una atalaya entre territorios de los que se podía entrar y salir.

No se trata tan solo de que una persona sea adolescente desde los quince hasta los veinte, sino de que la edad adulta, una categoría en la que colocamos a todos aquellos que no son niños, es una situación de cambio continuo; es como si, al llamar a todo «día», no advirtiéramos que las largas sombras del amanecer y el rocío de la mañana son distintos de la luz clara y sin contrastes de las horas meridianas. Con el tiempo las personas cambian, si tienen suerte se fortalecen y refuerzan su determinación; en el mejor de los casos aprenden a orientarse y adquieren lucidez, capacidades en las que algo que podría ser madurez y serenidad suple la ingenuidad y la premura de la juventud, que van diluyéndose. A medida que me hago mayor, hasta los veinteañeros me parecen niños, no por su ignorancia, sino por esa especie de frescura, por el hecho característico de que descubren muchas cosas por primera vez y tienen por delante la mayor parte de su existencia y casi todo su ser enfrascado en la heroica tarea de llegar a ser.

En ocasiones envidio a quienes se encuentran al principio del largo camino de la vida que forjarán, a quienes todavía tienen por delante muchas decisiones que tomar a medida que el camino se bifurque una y otra vez. Al imaginar su trayectoria veo un camino de verdad que se divide en dos sin cesar; me parece percibirlo, umbrío, boscoso, cuajado de la inquietud y la emoción de tener que elegir, de ponerse en marcha sin saber muy bien dónde se acabará.

Ahora que he elegido una y otra vez y que he recorrido un largo trecho de un mismo camino y he dejado atrás otros muchos, no me arrepiento del que he tomado, aunque añoro un poco la época en que la mayor parte del trayecto está por hacer, la etapa en que podemos convertirnos en muchas cosas y que en buena medida es la promesa de la juventud. La palabra «posibilidad» significa que podemos ser muchas cosas que todavía no somos, y resulta embriagadora cuando no es terrorífica. La mayor parte de las bifurcaciones del camino con que me encontraría surgieron ante mí cuando vivía en aquella casa luminosa que me consiguió el señor Young.

Sirenas de niebla y góspel

1

A dos manzanas de mi apartamento, en dirección este, se encontraba la iglesia baptista Hogar del Nuevo Extranjero, una casa victoriana de tres plantas con dos torres a los lados coronadas por sendas cruces y que parecían silos de cereales, y con una rareza en aquel barrio de edificios que llegaban directamente a la acera: una pequeña parcela de césped delante y, en el centro de esta, junto a unas rosas en apuros, un rótulo de madera donde se anunciaba el nombre. Año tras año, al pasar por delante, reflexionaba sobre lo que debía de ser una nueva extranjera. La iglesia baptista de la Roca Firme, situada más arriba de donde Lyon Street se vuelve empinada, era uno de los varios lugares de culto a cuyas puertas me detenía en ocasiones para oír el góspel que cantaban en el interior. Era una forastera en el barrio, una nueva extranjera, aunque fuera porque era un barrio de forasteros para la sociedad blanca por la que podía transitar y a la que tenía la libertad de pertenecer.

El barrio era pequeño, con cinco manzanas de ancho y seis de largo delimitadas al este y al oeste por amplios bulevares, al sur por la estrecha franja verde que sale del parque Golden Gate y al norte por una colina escarpada que hacía las veces de muralla. Mi nuevo hogar se hallaba en la esquina sur de una manzana en cuyo lado norte se alzaba la iglesia pentecostal oscura y baja donde me tocaba votar. Al lado se encontraba la licorería propiedad de la pareja de inmigrantes africanos a cuyo hijo adolescente abatieron a tiros desde un vehículo muchos años después. Asistí al funeral, oficiado en la iglesia Emanuel de Dios en Cristo, en Hayes Street, a tres manzanas de la tienda de la familia y más cerca aún de la lavandería automática delante de la cual mataron al muchacho.

La iglesia se hallaba en un edificio bonito que en una época más pálida había sido un templo mormón, y el funeral fue conmovedor, musical, con la mejor oratoria que he oído jamás. Era una iglesia pequeña de estuco, bien cuidada y de líneas angulosas, pintada en colores pastel, y siempre me pareció como salida de una de las pinturas del *quattrocento* dedicadas a las vidas de los santos. Enfrente se encontraba el local que albergaba una pequeña iglesia a la que fui una vez en mis primeros años en el barrio; el crucifijo del altar estaba hecho con hueveras de cartón, con la parte del relieve hacia fuera. En aquella zona tan pequeña había otras cuantas iglesias de negros. Nunca se estaba muy lejos de la devoción.

Una mansión muy bonita pintada de blanco albergaba el Centro de Meditación Brahma Kumaris, y años después, en esa misma década, cuando el sida se convirtió en un azote mundial, las Misioneras de la Caridad de la Madre Teresa abrieron un centro para los enfermos terminales de sida en una enorme casa victoriana de madera situada frente a la mía, y las monjas vestidas con finos saris de algodón blanco con bordes azules se convirtieron en una imagen habitual en el barrio. La madre Teresa se dejó ver alguna que otra vez, y las monjas me enseñaron una foto en la que aparecía delante de nuestra licorería, propiedad de árabes y regentada por personas negras. Había un centro islámico en el este, una universidad jesuita en el oeste, iglesias católicas y episcopalianas en el extremo norte, y en el sur, justo al otro lado del límite del barrio, en Divisadero Street, estaba la iglesia ortodoxa africana de San John Coltrane, con sus misas jazzísticas, sus programas de donación de alimentos y sus grandes cuadros de arcángeles negros al estilo ortodoxo ruso.

Es decir, era un barrio profunda y densamente espiritual, un lugar pequeño que gritaba al cielo y a las diversas versiones de Dios. En aquellos primeros años la gente que acudía a aquellas diminutas iglesias lo hacía a pie, vestida de forma esplendorosa, los hombres y los niños con trajes multicolores, las niñas y las mujeres con vestidos, muchas ancianas iban tocadas con sombreros de raso, tul y terciopelo que habían doblado, apretujado, inclinado, estirado, velado y decorado con flores de tela, plumas o joyas. El barrio estaba tan vivo que, en comparación, las zonas burguesas en que yo había crecido me parecían muertas y desoladas: aquellas zonas residenciales que por voluntad y *ethos* se habían centrado en la eliminación del espacio público y del contacto humano, donde los adultos se desplazaban en coche, la gente se mostraba reservada y las vallas entre las casas eran más altas que nosotros.

Unas veces contemplaba desde las ventanas saledizas a los feligreses que caminaban en diversas direcciones; otras paseaba entre la multitud de personas que se saludaban antes y después del servicio religioso. Era un sitio extraordinariamente vivo en aquellos días en que los fieles se cruzaban entre sí de camino a sus lugares de culto y luego se dispersaban para dirigirse a sus casas. Las iglesias eran propietarias de los edificios y permanecían, pero la mayoría de sus miembros vivían de alquiler y poco a poco cada vez fueron más los que se mudaron a otras partes, por lo que las calles dejaron de estar tan animadas. En vez de la algarabía festiva de las aceras, en las calzadas había coches aparcados en doble fila. Más tarde, lentamente, también los lugares de culto fueron desapareciendo, pero eso ocurrió mucho después de la época en que yo comenzaba a conocer el barrio y a sus habitantes.

Los residentes mayores habían formado parte de la gran migración de personas negras del sur, y su estilo de vida en el barrio parecía tener tanto que ver con las ciudades pequeñas y la vida rural sureñas como con la vitalidad propia de los centros urbanos deprimidos. Al escuchar sus historias percibía la presencia de los fantasmas de esos otros sitios en forma de orígenes, recuerdos y modelos del vecindario. En la década de 1940 la población negra de San Francisco casi se había multiplicado por diez, y los recién llegados se habían concentrado en ese barrio cercano al centro geográfico de la urbe y en Hunter's Point, en el extremo sudeste de la ciudad, en cuyos astilleros era fácil encontrar trabajo.

Aquellos ancianos no tenían prisa; eran gente de campo. Observaban a los transeúntes, saludaban a los conocidos, en ocasiones llamaban la atención a un niño o una niña cuyo comportamiento parecía disgustarles. Ellos me enseñaron que una conversación, incluso entre desconocidos, podía ser un regalo y una especie de juego, una oportunidad para la cordialidad, las bromas, los buenos deseos, el humor; que las palabras pronunciadas pueden ser una pequeña lumbre con la que entrar en calor. Muchos años después, cuando pasé una temporada en Nueva Orleans y otras partes del sur, curiosamente me sentí como en casa, y me di cuenta de que en aquella época ese pedazo de la Costa Oeste había sido un puesto avanzado del sur negro.

2

El señor Young se había criado en la Oklahoma rural, y el señor Ernest P. Teal, que vivía al otro lado de la calle, pero tenía un lujoso coche largo de los años setenta en un garaje de nuestro edificio, procedía de Texas. El señor Teal vestía siempre con elegancia: americanas de sport y sombreros de fieltro, a menudo con prendas de tweed y paño. Era un hombre con estilo que me contó anécdotas sobre la época dorada del jazz en el distrito de Fillmore, pero también una persona piadosa con una amabilidad y gentileza enormes y espléndidas, la prueba palpable de que la distinción y la cordialidad podían manar de la misma fuente.

La señora Veobie Moss, que había heredado la casa de su hermana, quien la había comprado con lo que había ahorrado trabajando como empleada del hogar, vivía al doblar la esquina. Cuando envejeció y perdió la memoria, acostumbraba sentarse en los escalones de madera de la entrada, que daba al sur, y siempre que me paraba a charlar con ella me hablaba de la explotación frutícola de Georgia donde se había criado y de lo bonitos que eran los frutales. Sentada en aquellos peldaños, parecía encontrarse en dos tiempos y lugares; era como si en cada conversación invocara su mundo perdido, hasta que ambas acabábamos a la sombra de sus queridos huertos. En ocasiones me imaginaba que todas esas personas mayores que dormían en sus casas a mi alrededor soñaban con el sitio donde habían nacido; me imaginaba que los fantasmas de aquellos campos y huertos, de aquellos caminos de tierra y horizontes planos, brillaban con luz trémula en nuestras calles en plena noche.

El señor Young era excombatiente de la Segunda Guerra Mundial, y fue la contienda lo que lo arrancó del campo y lo llevó a San Francisco. Según su historial militar, era un trabajador agrícola soltero de veintidós años cuando lo reclutaron en el condado de Choctaw (Oklahoma). Se quedó en las fuerzas armadas, donde prestó servicio el tiempo necesario para recibir una pensión. Me contó que había sido uno de los soldados negros en quienes se probó el gas venenoso. Me habló de hombres sin máscaras antigás que cruzaban corriendo un almacén o un hangar lleno de gas. Decía que algunos murieron.

Conducía una gran pick-up marrón con capota dura en la caja que aparcaba en un garaje del edificio, el situado a la izquierda de la entrada. A menudo se quedaba a la puerta del garaje, apoyado en la jamba o en el vehículo, y saludaba a quienes pasaban por delante, departía con ellos, decía algo a un niño o una niña para mantenerlos a raya; muchos días de verano volvía con una carga de melones de Vallejo para venderlos. Alguna que otra vez atisbé una pistola metida en un lado del mono. Fumaba una pipa que llenaba de dulce tabaco cuyo olor flotaba a veces escalera arriba hasta colarse por los respiraderos de mi cocina, situada justo encima de su dormitorio. Siempre que me topaba con él me paraba a charlar, o al menos a intercambiar unas palabras de cortesía, y en ocasiones, cuando tenía prisa, temía encontrármelo en el portal, pues cualquier conversación de menos de cinco minutos parecía considerarse un signo de mala educación.

Me contaba anécdotas de su infancia y adolescencia en el sudeste de Oklahoma como hijo de aparceros. La que mejor recuerdo es aquella de cuando tenía poco más de trece años y un día, al volver del campo, sus padres y él encontraron en casa a la banda de Barrow (Bonnie y Clyde y sus secuaces). Los atracadores de bancos se ocultaron allí porque, en una sociedad segregada, el último lugar donde alguien buscaría a unos forajidos blancos era entre la gente negra. Según se dice, la banda hizo lo mismo con al menos otra familia de aparceros negros de Oklahoma, y más tarde me enteré de que otro gánster legendario, Pretty Boy Floyd, también se escondió entre las casas de negros en aquella época en que los atracadores de bancos eran una especie de héroes populares. En aquella visita al hogar de los Young dejaron en la mesa o en el aparador una moneda de oro de diez dólares. La madre del señor Young no quería aceptar el dinero robado, pero el padre dijo: «Los niños necesitan zapatos para el invierno». Hubo dos visitas. En aquella o en la otra, al regresar del campo la familia encontró a la banda sentada a la mesa y sirviéndose la comida.

Muchos años después de conocer la anécdota, todavía veo la imagen que me formé al escucharla: una casa de madera en el campo, una mesa, un aparador, quizá un porche, quizá rodeado de maizales; tal vez, aparcado delante, uno de los potentes coches que la banda de Barrow robó; personas blancas en el espacio de una familia negra. Lo mismo que era yo en aquel edificio en el que el señor Young me había invitado a quedarme, en aquel barrio al que se habían mudado muchas personas negras desalojadas del distrito de Fillmore cuando este fue arrasado en nombre de la renovación urbana, denominada en aquel entonces «expulsión de los negratas»; las mismas familias que habían conseguido escapar del sur se vieron expulsadas de nuevo, enviadas al margen occidental de una zona amplia conocida como el Western Addition [el «ensanche occidental»].

Existen muchas maneras de obligar a las personas a desaparecer, de desarraigarlas, de arrumbarlas, de decirles que ese no es su relato ni su lugar. Las gentes se amontonan en capas, como estratos geológicos: el pueblo ohlone había vivido durante milenios en la península de San Francisco antes de la irrupción de los españoles y de que España se apoderara de toda la costa, que más tarde se convirtió en un extremo poco poblado de un México independiente. Después de que Estados Unidos se anexionara California y el sudoeste, a la comunidad mexicana que residía en la zona se la despojó de sus extensos ranchos y se la trató como a una clase marginada, como a intrusos o las dos cosas, aunque sus nombres permanecieron en muchos lugares, nombres de santos y de rancheros.

Al norte y al oeste de nuestro barrio se extendía un inmenso cementerio del siglo XIX del que entre principios y mediados del XX se desalojaron a decenas de miles de difuntos para dar un uso más rentable al terreno. Los esqueletos se apilaron en fosas comunes abiertas en algunas ciudades del sur, las lápidas se aprovecharon como material de construcción y nivelación de zonas bajas, y las cunetas de un parque situado justo al sur de nuestro barrio están recubiertas de lápidas, algunas con inscripciones todavía legibles. Caminando un poco hacia el este se llegaba a Japantown; durante la guerra se encerró en campos de internamiento a casi todas las personas de ascendencia japonesa de esa comunidad, y sus casas vacías no tardaron en quedar ocupadas por las familias y los obreros negros que migraban en busca de empleo en los astilleros y de otros trabajos propios de los tiempos bélicos. Todo eso estaba en el pasado del barrio cuando yo llegué, aunque no me enteraría hasta mucho más tarde.

Llegué al edificio y conocí al señor Young cinco días después de la investidura de Ronald Reagan. El país, que había alcanzado su tope en igualdad económica, votó a alguien que iría en dirección contraria, que detendría el progreso negro, reconcentraría la riqueza en manos de una minoría, desarticularía los programas que habían ayudado a mucha gente a mejorar y haría aumentar de forma masiva el número de personas sin hogar. El crack no tardaría en llegar a la ciudad y a otras urbes, y a nuestro barrio y nuestra manzana. Por aquella época mis experiencias con la sensación de potencia y destino espléndido que produce la cocaína me indujeron a preguntarme si resultaba especialmente tentadora para contrarrestar la desesperanza y el desconsuelo provocados por ese cambio radical, si era la droga que la gente tomaba cuando se estrellaba contra el muro construido para impedirle el paso. Existían otros muros, paredes de cárceles tras las que se encontrarían algunos hombres de mi barrio, y tumbas para otros. La Western Addition era negra, pero las agencias inmobiliarias y otros se abrieron espacios en ella en parte dándoles nuevos nombres, minando la identidad del lugar, mientras se expulsaba a la comunidad negra de una ciudad cada vez más cara y elitista. (Al cabo de los años entendería la gentrificación y el papel que con toda probabilidad desempeñé como rostro pálido para volver más agradable el barrio a ojos de otros rostros pálidos con más recursos, pero al principio no tenía idea de que las cosas fueran a cambiar ni de cómo funcionaba el proceso.)

Las preciosas casas de madera se habían construido entre finales del siglo XIX y principios del XX con la suntuosa ornamentación propia de la época: ventanas saledizas, columnas, barandas torneadas, molduras ornamentales, muchas de ellas con motivos botánicos, tejas de madera dispuestas como escamas, porches enmarcados por arcos, torrecillas, alguna que otra cúpula bulbosa. Estaban tan repletas de curvas biomorfas e intrincados detalles extravagantes que parecían orgánicas, como si hubieran crecido en vez de haber sido edificadas. Una guarda forestal del parque Muir Woods me comentó un día que en esas estructuras veía los espléndidos bosques de secuoyas que se habían talado para erigirlas, y por eso aquellas altas arboledas de la costa constituían otra presencia fantasmal.

El material y la factura de los edificios originales eran magníficos, pero en la posguerra la fuga de la comunidad blanca se llevó a una población a las zonas residenciales de las afueras y dejó a las otras comunidades —no blancas, inmigrantes, pobres— en las casas, cuyos propietarios, que no vivían en ellas, las trataron como si fueran chabolas. Se arrancaron los adornos y se cubrió la madera con estuco o revestimiento plástico; se dividieron algunos edificios en apartamentos pequeños, a menudo construidos con materiales y técnicas deficientes, y se permitió que muchos de ellos se deterioraran y desvencijaran.

«Degradación» fue la palabra clave de los años cincuenta y sesenta para justificar el derribo de muchos de los edificios situados en el este de nuestro pequeño barrio, lo que dejó heridas abiertas en el tejido estructural de la ciudad. En unas cuantas de ellas se erigieron deprimentes viviendas de protección oficial, algunas tan alienantes y opresivas que se derribaron unas décadas después de su construcción. Otros solares del corazón de Fillmore, en el pasado la zona de efervescente actividad cultural que al señor Teal le gustaba rememorar, siguieron vacíos la mayor parte de los años ochenta, tras vallas de tela metálica. Se había matado un lugar, que nunca acabó de volver a la vida.

El cambio es el indicador del tiempo, como le gusta decir a mi amigo fotógrafo Mark Klett, y cambiaron pequeñas cosas.

Cuando llegué, había un fotomatón de Kodak en una esquina, una manzana al este de mi casa, en aquella época en que las fotografías se hacían en película, y una cabina telefónica con paredes de cristal enfrente de donde yo vivía, al lado de la licorería de la esquina. La cabina se transformó en un teléfono público atornillado a la pared de madera, bajo una cubierta que recordaba una campana extractora, y con la proliferación de los móviles desapareció para siempre.

Resulta difícil transmitir ahora la textura de aquella vida pretérita: la soledad de una paseante de la ciudad que podía esperar la llegada de un autobús o el paso de un taxi, o buscar una cabina telefónica para pedir uno o para llamar a un amigo o una amiga marcando un número memorizado, o preguntándoselo a los telefonistas o consultando el listín de arrugadas páginas finas como el papel de seda si había uno en su funda negra colgado de un hilo metálico; que buscaba lo que necesitaba en un montón de comercios antes de que internet brindara la posibilidad de localizar algo con precisión sin levantarse de la cama, en aquella época con menos cadenas de tiendas y más variedad. Nos exponíamos al asombro y las frustraciones de la imprevisibilidad y éramos capaces de soportarlos mejor porque el tiempo pasaba a un ritmo que solo más tarde nos parecería plácido, como un río que cruzara una pradera antes de la cascada de aceleración en la que acabaríamos cayendo. Estábamos preparados para encuentros con desconocidos de formas de las que más adelante la era digital protegería a muchos de nosotros. Eran unos tiempos de contactos más imprevisibles y de una soledad más profunda.

En aquella época menos cara, la excentricidad tenía numerosos asideros. Infinidad de pequeños negocios hacían las veces de museos dedicados a diversos temas: cerca de Castro había una tintorería con una exposición de planchas antiguas colocadas con gusto artístico, y varios comercios mostraban vetustas fotografías del barrio tal como había sido mucho tiempo atrás, y en un colmado de Mission había una pelota de varios centímetros de diámetro hecha con gomas elásticas en el centro del linóleo, cerca de las patatas fritas. El Postcard Palace de North Beach solo vendía postales viejas, casi todas selladas y escritas en la caligrafía llena de confianza de su época, con mensajes crípticos o desenfadados de personas muertas hacía mucho a otras fallecidas también largo tiempo atrás. Aún guardo docenas que compré, unas pocas cada vez —de carreteras de montaña, capillas y grutas, la mayoría en blanco y negro—, en atardeceres en los que salía de un concierto punk para pasear e iba a curiosear a la tienda.

La ciudad daba la sensación de ser algo viejo y arrugado, con polvo y tesoros atrapados en sus grietas, hasta que la alisaron, la barrieron y expulsaron a algunas de sus gentes como si fueran inmundicia. Una tienda de viejo se convirtió en una pizzería de lujo; una iglesia instalada en un local comercial pasó a ser una peluquería; una librería radical se transformó en una óptica, y muchos locales se convirtieron en restaurantes de sushi. La ciudad se volvió más insulsa, con más tiendas de cadenas y más coches, y sin folletos publicitarios pegados unos encima de otros en los postes de teléfono, sin farmacias esenciales ni negocios raros como los templos de antaño en los que el sacerdote continuaba oficiando los ritos tanto si la feligresía se había marchado como si no.

En el Scully Owl Drug Store, a un par de manzanas de mi apartamento hacia el oeste, se servían comidas en una barra igual a aquellas del sur a las que la gente se sentaba para protestar contra la segregación racial. La barra desapareció, más tarde cerró el drugstore y, por último, con el cambio de milenio, se derribó todo el edificio, con el colmado, la licorería, la carnicería y la panadería, para construir un gran supermercado de una cadena, con pisos encima. Muchas ciudades que habían sido centros del sector secundario y de la manufactura de bienes materiales vieron fenecer esas industrias en la posguerra, pero apenas se reparó en su muerte porque sobre sus ruinas nacían nuevas metrópolis de la información, las finanzas y el turismo, como le ocurrió de forma espectacular a San Francisco en la década de 1980. En aquel entonces Silicon Valley fabricaba chips de silicio en salas limpias ocupadas por mano de obra inmigrante y vertía productos tóxicos. Luego esos puestos de trabajo se trasladaron al extranjero y la industria tecnológica se convirtió en una supernova, y una zona que había sido idílica y a veces una excepción se transformó en un poderoso centro mundial.

El cambio es el indicador del tiempo. Descubrí que para ver el cambio hay que ir más despacio que él, y que viviendo un cuarto de siglo en el mismo sitio se volvía visible a mis ojos. Paulatinamente. Al principio no. En el edificio en el que residía, la gente iba y venía, y una buena parte de sus habitantes pasajeros imaginaban que cruzaban un barrio estable, pero en realidad formaban parte de lo que estaba cambiándolo: un río de gente que lo limpiaba y lo volvía cada vez menos negro y más burgués. Los recién llegados vivían en el espacio que su dinero les procuraba, no en el espacio que pertenecía a todos, y la vitalidad fue perdiéndose a medida que el barrio se volvía menos barrio.

3

Mi edificio, una estructura de estuco de la década de 1920 entre aquellas otras casas victorianas de madera, más señoriales, tenía su gracia y encanto. Mi pequeño apartamento me divertía con sus artilugios empotrados, como si fuera minúsculo, cuando a mí me parecía espacioso: una estrecha tabla de planchar abatible atornillada a la pared, una cama plegable que dominaba la habitación cuando estaba abierta, por lo que la dejé desplegada para siempre dentro de lo que había sido un ropero amplio. Había una ventana en la cabecera de la cama, una puerta ancha a un lado y otra a los pies, de modo que tenía bastantes aberturas para ser un ropero, pero no dejaba de serlo, y en él dormí durante un cuarto de siglo.

En ocasiones la pobreza es un magnífico conservante del pasado, y viví en un apartamento que apenas había cambiado desde su creación. Las estrechas tablas de los suelos de roble amarillo dorado eran las originales, al igual que el radiador que desprendía vapor, el bajante de la escalera de servicio por el que la basura descendía dos pisos hasta el contenedor, el diminuto frigorífico, uno de los primeros, que no funcionaba y que estaba empotrado en un lado de la cocina, junto a la pila de lavar la ropa y la del fregadero y enfrente del aparador empotrado y de las vitrinas de cristal, que llegaban hasta el techo.

Presidía la pieza una majestuosa cocina Wedgewood esmaltada en blanco crudo con bordes azules y un tubo de salida de humos que formaba un ángulo recto hasta llegar a la pared. Como el sistema de encendido automático no funcionó mientras viví en el apartamento, recopilaba carteritas de cerillas de los bares y restaurantes, en aquella época en que aún se permitía fumar en esos locales. Poder cocinar y disponer de todo un frigorífico me parecía un lujo después de haber vivido en el apartahotel, sin la posibilidad de preparar la comida ni almacenar alimentos.

Era pobre. Recogía muebles de la calle, compraba la ropa en tiendas de segunda mano y los artículos del hogar en mercadillos benéficos; en aquel entonces valorábamos los objetos antiguos y, desde el punto de vista estético, ese método concordaba conmigo. Casi todo cuanto poseía tenía más años que yo, lo cual me gustaba; cada objeto era un anclaje en el pasado. Ansiaba sentir el tiempo, la historia, la muerte, la profundidad, la textura de que habían carecido mi infancia y adolescencia en una zona residencial recién construida en un extremo del Área de la Bahía, con unos padres cuyos orígenes en la inmigración urbana los habían dejado con un sentido más bien escaso de linaje y con pocas historias, y sin ninguna reliquia familiar. En ocasiones mi labor como escritora consistiría en devolver a lugares del oeste sus pasados perdidos y olvidados.

Encontré un pequeño sofá victoriano de terciopelo con clavos decorativos en un mercadillo benéfico cuando iba camino de una manifestación en el distrito Castro; al acabar la protesta, los hombres homosexuales que me lo vendieron por diez dólares tuvieron la amabilidad de llevármelo a casa y subirlo por la escalera. Iba dejando en el suelo excrementos del vetusto relleno de crin, como si fuera un perro viejo con incontinencia. Acumulé pequeños recuerdos, tesoros y objetos con los que poco a poco el apartamento llegó a parecer un estrambótico museo de historia natural, con curiosas ramitas y ramas cubiertas de liquen, nidos de pájaros y fragmentos de cáscaras de huevo, cuernos, piedras, huesos, rosas secas, un botecito con mariposas de color amarillo azufre procedentes de una migración masiva en el este de Nevada y, de parte de mi hermano, el cráneo astado de un ciervo, que todavía preside mi hogar.

Estaba de paso en la pobreza y poco a poco recuperaría el desahogo económico. También en la pobreza era una nueva extranjera, pero pasé en ella los años suficientes para entender un poco cómo funciona y qué efectos tiene. En otro sentido, la pobreza como pobreza de espíritu me había rodeado desde que nací. Mis padres habían experimentado un profundo sentimiento de privación durante la Gran Depresión o debido a las carencias que sufrieran en la infancia, y no tenían el menor interés en compartir su bienestar burgués. No confiaba en que me echaran un cable si algo verdaderamente terrible llegaba a derribarme, y no estaba dispuesta a venirme abajo para descubrir si lo harían, de modo que no vivía en plan pobre como muchos jóvenes blancos de mi ambiente, que podían optar por salir de la pobreza con la misma facilidad con que habían elegido entrar en ella. Yo también salí, pero despacio y por mis propios medios. Y, según comprendería mejor más adelante, por las ventajas que acompañaban a mi color de piel y a mis orígenes, y por las que me sentía idónea, ante mí misma y a ojos de los demás, para recibir una formación y tener una profesión liberal.

Leía libros de pie en las librerías, los pedía prestados en las bibliotecas o buscaba durante meses o años el ejemplar de segunda mano más barato. Escuchaba música por la radio o iba a casa de mis amistades a grabarme discos en casetes. Le echaba el ojo a algo y la promesa que los objetos suelen ofrecer me espoleaba, me pinchaba y me agobiaba: que si estas botas o aquella camisa conseguirán que sea quien necesito o quiero ser; que si lo que está incompleto en mí es un agujero que puede atiborrarse de chismes; que si lo que tengo queda eclipsado por lo que deseo; que si las carencias se curan con la posesión, teniendo más de lo imprescindible.

Siempre quería algo más, otra cosa, y si la conseguía, quería la siguiente, y siempre había algo que desear. El ansia me corroía. Quería las cosas con tantas ganas, con un anhelo tan agudo que me horadaba, y el proceso de desear solía precisar más tiempo y más espacio imaginativo que la persona, el lugar o el objeto deseados, o bien lo imaginado poseía más fuerza que lo real. En cuanto poseía algo, el ansia iba apagándose —aquella ansia que estaba tan viva—, y luego reaparecía, enorme, en busca de lo siguiente. Con los amantes y novios, la incertidumbre a veces la mantenía viva (y con los hombres más amables y dignos de confianza se metamorfoseaba en esa otra clase de cariño que llamamos «amor»).

Más que nada deseaba que se transformase mi condición, no mi naturaleza. No tenía idea de adónde quería ir, pero sabía que deseaba distanciarme del lugar del que procedía. Tal vez no fuera tanto una cuestión de ansia como de lo contrario, de aversión y huida, y quizá por eso caminar resultara tan importante para mí: me proporcionaba la sensación de que avanzaba.

Sí tuve una primera idea de cómo sería una vida que valiera la pena vivir. Cuando a los quince o dieciséis años leí los diarios de Anaïs Nin, las evocaciones de su vida parisina en el período de entreguerras me ofrecieron imágenes de espacios capaces de albergar profundidades y análisis mediante la conversación, de existencias que se entrecruzaban y se influían mutuamente, del calor de sentirse envuelta en amistades apasionadas. Muchos años después, tras una cena con personas amigas mías reunidas en torno a la mesa de linóleo y patas cromadas de mi cocina, una de las invitadas, la historiadora radical Roxanne Dunbar-Ortiz, y yo coincidimos en que eso era lo que habíamos anhelado en nuestra solitaria juventud. (Y al cabo de muchos años me desilusionó enterarme de que Nin había excluido de sus diarios publicados a su marido banquero, con lo que se presentaba como una bohemia más pobre de lo que en realidad era.)

Al lado de la cocina había dos pilas anchas: una era un fregadero corriente y la otra, un lavadero hondo que cubrí con el viejo escurreplatos de metal esmaltado que encontré en el apartamento; el profundo espacio oscuro y húmedo de debajo de la bandeja acababa oliendo, así que de vez en cuando tenía que destaparlo y restregarlo. Las mujeres habían lavado la ropa a mano en esa pila, y durante mis primeros años en el edificio aún había un armazón de madera para tender la colada en la azotea, a la que se accedía subiendo el último tramo de escalera, cuyos peldaños superiores crujían con la gravilla de la azotea alquitranada.

El suelo de linóleo amarillo y verde original de la cocina se había desgastado hasta convertirse en una superficie granulada y agrietada que era imposible mantener limpia, de modo que lo pinté de negro, y volví a pintarlo una y otra vez a medida que se estropeaba. Por suerte, en las mañanas soleadas la luz entraba a raudales en la cocina, y también por la ventana salediza que daba al este en el salón, donde en invierno se filtraba un poco durante todo el día por la que daba al sur. La última ventana miraba a Fulton Street y a una farola. En ocasiones me sentaba al lado y observaba paralizada la niebla que bajo la farola caía en cascada sobre sí misma como colosales plantas rodadoras fantasmagóricas, cuando el viento la empujaba desde el frío océano, donde se había formado.

O, tumbada en la cama, escuchaba en el silencio de la madrugada las sirenas de niebla que aullaban a lo lejos. Despierta en plena noche, en medio de la ciudad y en lo que se consideraba el centro urbano deprimido, las oía a menudo y me arrastraban hasta los límites y más allá, hasta el mar, el cielo y la niebla. Las escuchaba con frecuencia, y en mi recuerdo el sonido parece casi un correlato de ese estado nocturno de no estar despierta ni dormida, con una mente inquieta y un cuerpo clavado por la gravedad jupiterina del sueño. Me llamaban como si yo fuera un barco perdido, no para guiarme a casa, sino para que recordara el océano y el aire, y que en el ropero seguía conectada a ellas.

Viví tanto tiempo en el pequeño apartamento que crecimos juntos. Al principio apenas si tenía nada en él y parecía inmenso, y al final acabó abarrotado de libros y con muchas cajas llenas de papeles bajo la cama, por lo que daba la impresión de no haber espacio. En mi recuerdo aparece con el brillo de la concha nacarada de un nautilo, como si yo fuera un cangrejo ermitaño que se hubiera metido en un refugio especialmente glamuroso, hasta que, igual que les ocurre a los cangrejos ermitaños, se me quedó pequeño.

Unos doce años después de marcharme del apartamento aún me parece ver cada detalle de él, aún imagino a veces que estiro la mano hacia su botiquín en lugar de hacia el que hay donde ahora vivo, y un día que volví a aquellas calles para pasear por ellas di automáticamente la dirección de Lyon Street a un taxista, antes de recordar que hacía muchos años que no vivía allí, y entonces le dije mi siguiente dirección y por último la actual, que nunca quedará tatuada en mi psique como aquella. Cuando vivía allí, soñaba a menudo con la calle de delante de la casa de mi niñez, que más allá se convertía en una carretera rural que desembocaba en un prado con caballos; la carretera con alambradas de espino por debajo de las cuales me colaba para vivir muchas de mis aventuras. En cambio, ahora sueño con aquel apartamento pequeñito de Lyon Street como un sitio fundamental, igual que antes soñaba con aquella carretera.

Cuando todavía era mi hogar, muchas veces soñaba que descubría otra habitación en su interior, otra puerta. En cierto sentido él era yo y yo era él, y por tanto esos descubrimientos eran sin duda partes de mí misma. Soñaba una y otra vez con la casa de mi infancia como un lugar en el que estaba atrapada, mientras que el apartamento no me encerraba, sino que me abría posibilidades. En los sueños era más amplio, tenía más habitaciones, chimeneas, cuartos ocultos, bellezas que no existían en la vida de vigilia, y en una ocasión la puerta de servicio dio a unos campos resplandecientes, y no al revoltijo gris que había en realidad.

Las paredes de la cocina se habían cubierto en el pasado con papel vinílico con dibujo de ladrillos, y las junturas se adivinaban en la pintura blanca de detrás de los fogones, de modo que un día lo arranqué. Fue como retirar las vendas de una herida. Se desprendió en forma de grandes láminas que se llevaron consigo la superficie de la siguiente capa de papel pintado. Debajo encontré la capa interna, un papel más antiguo y más bonito, con estampado de celosías cubiertas de hiedra. Al ver el dibujo de color marrón claro sentí la intensa presencia de quienes habían vivido en el apartamento antes que yo, más fantasmas, otras épocas, anteriores a la guerra, cuando el barrio era otro tipo de lugar con otros tipos de gente sobre otro tipo de suelo.

Luego soñé que hacía lo mismo, y en la versión onírica descubría un tupido collage de hojas de periódicos y revistas, y de retales de telas, numerosas imágenes florales, todo en tonos rosados, suculento y extraño, un jardín de retazos. En el sueño sabía que era un recuerdo de otra mujer que había vivido en el apartamento antes que yo, una anciana negra con un don para la creación.

El edificio se encontraba cerca del centro de la ciudad, y al pensar en él ahora lo veo como el eje sobre el que se mueve la aguja de una brújula, un espacio que se abría a las cuatro direcciones. No creé un hogar allí: él me creó a mí mientras yo observaba las comunidades y en ocasiones me unía a ellas, y mientras a lo largo de los años recorría miles de kilómetros a pie, unas veces por rutas conocidas para ir al cine, a librerías, a colmados o a trabajar; otras, colinas arriba con voluntad de descubrimiento, y en ocasiones, llevada por el deseo de descansar de la densidad y la agitación, iba a Ocean Beach para recordar que en aquel sitio muchas historias llegaban a su fin y otras empezaban allende el inmenso Pacífico.

El turbulento océano y la larga playa de arena eran otro tipo de hogar y otro tipo de refugio, y la inmensidad ponía en perspectiva mis penas y mi angustia en relación con el cielo, el mar, el lejano horizonte y las aves silvestres que volaban por la zona. El apartamento era mi refugio, mi incubadora, mi concha, mi ancla, mis tacos de salida y un regalo de una desconocida.

La vida durante la guerra

1

No mucho después de que me mudara al apartamento, una amiga me regaló una mesa —un tocador o escritorio pequeño de mujer—, sobre la que ahora escribo. Es un delicado mueble victoriano con cuatro cajones estrechos, dos a cada lado, y uno más ancho en el centro, sobre el espacio destinado a las piernas, y diversos ornamentos: patas ahusadas, cada una con una protuberancia que parece una rodilla; adornos nudosos, molduras en la parte inferior de los cajones, tiradores en forma de borla o lágrima.

Tiene dos pares de patas delante y otros dos al fondo, debajo de los cajones laterales. Pese a sus ornatos, la vieja mesa es básicamente robusta, un animal de carga de ocho patas que ha llevado a cuestas muchas cosas durante décadas, o dos animales de carga juntos, uncidos por el tablero. Se ha mudado tres veces conmigo. Es la superficie sobre la que he escrito millones de palabras —más de veinte libros, además de reseñas, artículos, cartas de amor, varios millares de correos electrónicos a mi amiga Tina durante los años de nuestro intercambio epistolar casi diario, unos cientos de miles de otros correos electrónicos, algunos panegíricos fúnebres y necrológicas, entre ellas las de mis padres—, una mesa en la que hice los deberes como estudiante y luego como profesora, una entrada al mundo y mi plataforma para comunicarme y para bucear en mi interior.

Más o menos un año antes de que me regalara la mesa, mi amiga recibió quince puñaladas de un exnovio que quiso castigarla por haberlo dejado. Estuvo a punto de morir desangrada; necesitó transfusiones de urgencia; le quedaron largas cicatrices en todo el cuerpo, que entonces contemplé sin reaccionar porque mi capacidad de sentir algo había quedado amortiguada, tal vez debido a que me había acostumbrado a la violencia en casa, o tal vez porque se suponía que era algo que debíamos tomarnos con filosofía y despreocupación en aquella época en que pocas de nosotras teníamos un lenguaje para hablar de esa violencia o un público dispuesto a escucharnos.

Sobrevivió; se la culpó de lo sucedido, como solía pasarles a las víctimas en aquel entonces, sin que hubiera ninguna consecuencia legal para el asesino en potencia; se mudó a un lugar lejos de donde había ocurrido aquello; trabajó para una madre soltera a la que desahuciaron de su casa y que le entregó la mesa en vez de las pagas, y luego me la regaló a mí. Siguió adelante, durante muchos años perdimos el contacto y más tarde, cuando lo recuperamos, me contó toda la historia, una historia que haría arder el corazón de cualquiera y helaría el mundo.

Alguien intentó acallarla. Luego mi amiga me dio una plataforma para mi voz. Ahora me pregunto si cuanto he escrito no es un contrapeso a ese intento de aniquilar a una joven. Todo ha surgido literalmente de la base que es el tablero de la mesa.

Me he sentado a ella para escribir esto y, con la esperanza de recordar un poco cómo era el barrio antes, he entrado en el archivo fotográfico digital de la ciudad que mi biblioteca pública gestiona. La cuarta fotografía de la calle donde viví, fechada el 18 de junio de 1958, mostraba una casa situada a una manzana y media y llevaba el siguiente pie: «Transeúntes curiosos echan un vistazo al callejón, al lado del 438 de Lyon Street, donde hoy se ha hallado el cuerpo de Dana Lewis, de veintidós años, desnuda a excepción de un sujetador negro. Tras un examen preliminar la policía ha informado de que los hematomas que la víctima presentaba en la garganta apuntan a la posibilidad de que la estrangularan con una cuerda». No cabe duda de que la muerte de la joven es un espectáculo para el periódico, que la describe con términos sugerentes, mientras que de los transeúntes dice que sentían curiosidad, y no que les angustiara la visión del cadáver.

La muchacha era conocida también como Connie Sublette, y su muerte recibió una gran atención en la prensa de la época. En la mayor parte de los artículos se la culpaba de lo ocurrido, ya que era una joven bohemia que bebía y tenía una vida sexual activa. MARINERO HABLA DE HOMICIDIO FORTUITO, rezaba un titular, con la siguiente coletilla: LA VÍCTIMA ERA UNA PLAYGIRL. En otro se leía: HOMICIDIO PONE FIN A LA SÓRDIDA VIDA DE UNA PLAYGIRL, en el que «sórdida» parece significar que tenía relaciones sexuales, aventuras y penas, y «playgirl» implica que se lo merecía. Se dice que la joven tenía veinte o veinticuatro años. Por lo visto el exmarido de Dana Lewis o Connie Sublette vivía en el 426 de Lyon Street, adonde ella acudió en busca de consuelo cuando su novio, un músico, cayó muerto en una fiesta.

Al Sublette no estaba en casa o no abrió la puerta, así que la joven lloró en los escalones de la entrada hasta que el casero le ordenó que se marchara. Un marinero, según él mismo contó, se ofreció a buscarle un taxi y la mató. Al parecer los periódicos creyeron su versión de que la muerte había sido un accidente y que la muchacha, si bien estaba destrozada por el fallecimiento de su novio, había accedido a mantener relaciones sexuales con el marinero en un callejón. JOVEN BEATNIK ASESINADA POR UN

MARINERO QUE BUSCABA AMOR, rezaba un titular, como si estrangular a alguien fuera de lo más normal en quienes buscan amor. «Era una soñadora y quería estar siempre de un lado para otro», declaró su exmarido. Allen Ginsberg, que había fotografiado a Al pero no a Connie Sublette, mencionó la muerte de esta sin más comentarios en una carta dirigida a Jack Kerouac el 26 de junio de 1958. Era conocida, pero apenas se lloró su desaparición.

Yo ignoraba lo que había ocurrido en el 438 de Lyon Street, pero sí sabía que la poeta y memorialista Maya Angelou había vivido cerca de allí, hacia el nordeste, en su adolescencia, no mucho después del final de los cinco años de mutismo con que respondió a las violaciones reiteradas que sufrió cuando tenía ocho años. Y sabía que, a unas manzanas de mi casa, en la otra dirección, en el 1827 de Golden Gate Avenue, se encontraba el apartamento al que habían trasladado en un cubo de la basura de ciento diez litros a Patty Hearst, de diecinueve años, heredera de un imperio periodístico, secuestrada a principios de 1974 por el Ejército Simbiótico de Liberación, un supuesto grupo revolucionario más bien pequeño con ideas delirantes. Hearst declaró que había permanecido varias semanas atada y con los ojos vendados en un ropero de ese apartamento y antes en otro lugar, y que dos de sus secuestradores la habían violado. Esos dos casos se abrieron paso en las noticias, pero la mayoría no trascendió o solo apareció como notas breves en las últimas páginas de los periódicos.

Presencié algunos. Una vez, ya entrada la noche, vi por la ventana de mi apartamento a un hombre con un cuchillo enorme en la mano que acorralaba a una mujer en la entrada de la licorería de enfrente. Cuando un coche de la policía se acercó sin hacer ruido y los agentes lo sorprendieron, el individuo tiró el arma a la acera y, mientras el acero resonaba sobre el cemento, afirmó: «No pasa nada. Es mi novia».

El escritor Bill deBuys comenzó un libro con la siguiente frase: «Existe una especie de esperanza en la posibilidad de ver algo, un fenómeno o una esencia, de forma tan clara y plena que la luz de ese conocimiento ilumine el resto de la vida». Y acto seguido empieza con la mesa de pino sobre la que está escribiendo, y de la descripción del grano y el color de la madera se traslada a los árboles y bosques, y de ahí pasa al amor, la pérdida y las epifanías de lugares. Es un viaje hermoso. Puedo imaginar muchos bosques de los que preferiría hablar desde mi mesa, fabricada con árboles que debieron de talarse cuando mis abuelas aún no habían nacido, antes que de la violencia contra mi género.

Sin embargo, la mesa a la que estoy sentada me la regaló una mujer a quien un hombre intentó asesinar, y me parece que es hora de contar lo que significó para mí crecer en una sociedad en la que mucha gente prefería que personas como yo estuvieran muertas o calladas, y de qué forma conseguí una voz y cómo al final llegó el momento de utilizarla —esa voz que se expresaba mejor cuando me encontraba sola a la mesa hablando a través de mis dedos, en silencio— para tratar de contar las historias que habían quedado sin contar.

Las memorias más convencionales son relatos de superación, arcos de triunfo en última instancia, problemas personales que se lidiarán con la evolución y la determinación personales. Que muchos hombres quisieran y todavía quieran hacer daño a las mujeres, sobre todo a las jóvenes, que mucha gente disfrutara con ese daño y mucha más le restara importancia me afectó en aspectos profundamente personales, pero el remedio no era personal. No podía introducir ningún cambio en mi psique o en mi vida que volviera el problema aceptable o inexistente, y no había ningún sitio al que ir para dejarlo atrás.

Los problemas estaban incrustados en la sociedad y quizá en el mundo en que me encontraba, y el esfuerzo por sobrevivir en él era también el esfuerzo por entenderlo y, con el tiempo, por transformarlo para todos, no solo para mí. No obstante, había maneras de romper el silencio que formaba parte de la enfermedad, y eso significaba una rebelión y empezar a vivir y a tomar el control para contar historias, la mía y la de otras personas. Un bosque de historias y no de árboles, y escribir el trazado de algunos senderos que lo cruzaran.

2

Entonces parecía generalizado. Todavía lo parece. Podían hacerte un poco de daño —con insultos y amenazas que te recordaban que no estabas a salvo ni eras libre ni poseías ciertos derechos inalienables—, o más daño con una violación, o más con una violación acompañada de secuestro, tortura, cautiverio y mutilación, y más aún con el asesinato, y la posibilidad de la muerte planeaba siempre sobre las otras agresiones. Podían borrarte un poco para que hubiera menos de ti, para que tuvieras menos seguridad, menos libertad, o podían socavar tus derechos e invadir tu cuerpo para que fuera cada vez menos tuyo; podían suprimirte del todo, y ninguna de esas posibilidades parecía especialmente remota. Todas las cosas malas que les pasaban a las otras mujeres porque eran mujeres podían ocurrirte a ti por ser mujer. Aunque no te mataran, mataban algo de ti: tu sensación de libertad, de igualdad, de confianza en ti misma.

Hace poco mi amiga Heather Smith me comentó que a las jóvenes se las insta a «no parar nunca de imaginar su asesinato». A partir de la infancia se nos ordenaba no hacer cosas: no ir ahí, no trabajar allá, no salir a esas horas ni hablar con aquellas personas, no ponernos ese vestido ni tomar esa copa ni enfrascarnos en aventuras, en la independencia, en la soledad. La renuncia era la única forma de protección que se nos ofrecía contra el asesinato. Entre los dieciocho y los veintipocos años fui constantemente víctima de acoso sexual en la calle y a veces en otros lugares, aunque la palabra «acoso» no expresa la amenaza que en muchas ocasiones encerraba.

El exmarine David J. Morris, autor de un libro sobre el trastorno de estrés postraumático (TEPT), señala que esta afección se da mucho más entre las supervivientes de violaciones que entre los excombatientes, y que en ellas se trata mucho menos. Me escribió lo siguiente: «El conocimiento sobre la materia es muy claro: según el *New England Journal of Medicine*, la violación tiene cuatro veces más probabilidades de conducir a un diagnóstico de TEPT que la participación en combates. Pensemos un momento en esto: una violación provoca cuatro veces más alteraciones psicológicas que ir a una guerra y que te disparen y te hagan volar por los aires. Y como en la actualidad no existen relatos culturales permanentes que permitan a las mujeres considerar su supervivencia como algo heroico u honorable, las posibilidades de un daño permanente son aún mayores».

En la guerra, las personas que intentan matarnos suelen estar en el otro bando. En el feminicidio son maridos, novios, amigos, amigos de amigos, hombres de la calle, hombres del trabajo, hombres de la fiesta o de la residencia de estudiantes y, la semana en que escribo esto, es el hombre que pidió un servicio de Lyft y mató a puñaladas a la conductora embarazada, y el que entró en un banco y mató a tiros a cinco mujeres, y el que asesinó de un disparo a la joven que lo había acogido cuando sus padres lo echaron de casa, por citar unos pocos ejemplos de la matanza que han aparecido en las noticias. Morris dice que el TEPT es «vivir a merced de tus peores recuerdos», pero también apunta que la guerra, igual que un ambiente en el que una persona vive con miedo a un ataque, a la mutilación, a la aniquilación, y en el que quienes la rodean sufren esas desgracias, puede traumatizarla aunque no se le inflija ningún daño físico, y que los temores pueden acompañarla mucho después de aquello que los originó. Quienes escriben sobre el trauma de la violencia de género la describen principalmente como un único hecho o relación espantosos y excepcionales, como si de repente se cayeran al agua; pero ¿qué ocurre si alguien nada en ella toda su vida sin que haya tierra firme a la vista?

Se mataba a legiones de mujeres en las películas, en las canciones, en las novelas y en el mundo, y cada muerte era una pequeña herida, un pequeño peso, un mensaje breve que decía que podía haber sido yo. Una vez me topé con un santo budista que llevaba encima las ofrendas que sus devotos le entregaban; lo habían cargado de ellas, una minúscula ofrenda tras otra, hasta que llegó a arrastrar centenares de kilos de tintineantes pesadumbres. Nosotras llevábamos aquellas historias terribles como un peso secreto, unos grilletes que arrastrábamos allá adonde fuéramos. Su estrépito decía sin cesar: «Podrías haber sido tú». Por esa época regalé el único televisor que he tenido —uno pequeño en blanco y negro que tenía mi abuela materna en la residencia de ancianos— no mucho después de que una noche fuera cambiando de canal y me encontrara con que en todos ellos se asesinaba a una joven rubia. Podría haber sido yo.

Me sentía cercada, perseguida. Se agredía sin cesar a mujeres y a niñas, no por lo que hubieran hecho, sino porque estaban a mano cuando un hombre deseaba... «castigar»: esa es la palabra que me viene a la mente, si bien el porqué del castigo tal vez quede como un interrogante. No por ser quienes eran, sino por lo que eran, lo que éramos, aunque en realidad por quien era él, un hombre que sentía el deseo de hacer daño a las mujeres y creía que tenía derecho a hacerlo. Para demostrar que su poder era tan ilimitado como la impotencia de ellas. En las artes, la tortura y la muerte de una mujer hermosa, de una joven o de ambas se representaban siempre como algo erótico, excitante, grato, por lo que, pese a la insistencia de los políticos y los medios de comunicación en que los crímenes violentos eran actos de individuos aberrantes, el deseo se glorificaba en las películas de Alfred Hitchcock, Brian De Palma, David Lynch, Quentin Tarantino, Lars von Trier, en numerosos filmes de terror y en muchísimos otros, así como en novelas, y más tarde en videojuegos y novelas gráficas, donde un asesinato con todo lujo de detalles escabrosos o el cadáver de una mujer constituían un recurso narrativo habitual y un objeto estético. La aniquilación de ella era la realización de él. Al parecer resultaba erótica para el público al que esas obras iban dirigidas, porque en la vida seguía asesinándose a mujeres durante la comisión de delitos sexuales, y el miedo a la agresión sexual, a la violación, era también el miedo a una muerte violenta.

Lo cual me recordaba que no era, que no éramos, el público al que iba dirigido todo aquel arte, que incluía material ensalzado como obras maestras y considerado canónico. A veces los protagonistas masculinos protegían de otros hombres a las mujeres, en particular a las jóvenes blancas guapas, y el papel de protector era una cara de su poder, pero la otra cara seguía siendo la de destructor, y cualquiera de las dos dejaba nuestro destino en sus manos. Protegían lo que eran dueños de proteger o destruir, y en ocasiones la trama se centraba en su dolor por no haber logrado proteger, o en su venganza contra otros hombres, y de vez en cuando ellos mismos destruían a la mujer y la historia seguía girando en torno a ellos.*

Ella estaba muerta antes incluso de ser un cadáver: era una superficie, un satélite, un accesorio. En los cómics la muerte violenta de una mujer como recurso narrativo de una historia centrada en un hombre era tan corriente que las mujeres acuñaron un término, *fridging*, para designarlo después de que el sitio web Women in Refrigerators (Mujeres en neveras), creado en 1999, documentara la superabundancia de finales truculentos que padecían los personajes femeninos. En el mundo de los videojuegos, a las jóvenes que criticaron la misoginia de estos se las acosó durante años con amenazas de revelar datos personales, de violación y de muerte. Algunas tuvieron que abandonar su hogar y tomar medidas de seguridad extraordinarias tras recibir detalladas amenazas macabras de violencia; es decir, tuvieron que volatilizarse. Proteger a las mujeres del acoso, las amenazas y la vigilancia digitales se convirtió en una actividad complementaria de las expertas en ciberseguridad feministas.

En el momento en que escribo esto se emiten nuevas series de televisión sobre la espantosa tortura, el asesinato y el descuartizamiento de mujeres. Una de ellas juguetea en la periferia del tormento y la muerte en 1947 de Elizabeth Short, de veintidós años, en Los Ángeles, crimen que recibió un nombre de-

---

* Que a los hombres en los márgenes de la sociedad se les castigue por la violencia sexual, en especial la perpetrada contra las mujeres blancas, y no se castigue a los hombres privilegiados y poderosos refuerza una jerarquía de valor relativo. Una jerarquía en que no se protege a las mujeres en sí, sino a quienes tienen derechos de propiedad sobre ellas (como se explicitaba en las leyes de antes que trataban la violación igual que el allanamiento o el daño contra la propiedad de otro hombre y, en la década de 1980 en Estados Unidos, las que reservaban al varón el derecho a violar a su esposa y casi nunca castigaban a los blancos por violar a mujeres de color).

masiado elegante: «el asesinato de la Dalia Negra». La otra trata de Ted Bundy, un torturador, violador y asesino en serie de los años setenta, interpretado por un joven astro muy apuesto. No es, ni mucho menos, la primera película sobre Bundy, y el asesinato de Short en Los Ángeles ha generado una pequeña industria publicitaria a su alrededor. Cuando Givenchy sacó el perfume Dahlia Noir, anunciado con el eslogan «la flor fatal», me pregunté si eso significaba que las mujeres debían aspirar a oler como un cadáver mutilado. En cualquier caso, también en las baladas de antaño abundaban las violaciones, los asesinatos y las lesiones graves, al igual que en las canciones de muchos artistas, desde Johnny Cash hasta los Rolling Stones y Eminem.

Las feministas de los primeros tiempos afirmaban que la violación tenía que ver con el poder, no con el placer erótico, aunque para algunos hombres su poder o la impotencia de una mujer es lo más erótico que quepa imaginar. También para algunas mujeres, de modo que aprendemos que nuestra indefensión y exposición al peligro son eróticas y aceptamos, rechazamos o combatimos el sentido de identidad y los relatos que las acompañan. Jacqueline Rose escribió en 2018: «El acoso sexual es el gran acto performativo masculino, el acto mediante el cual un hombre aspira a convencer a su objetivo no solo de que él es quien tiene el poder (lo cual es cierto), sino además de que su poder y su sexualidad son uno y lo mismo».

Pese a que cada incidente que viví fue tratado como un hecho aislado y anormal, hubo infinidad de ellos, y fueron incidentes del *statu quo*, no contra este o ajenos a él. La gente se sentía incómoda hablando del tema, y la respuesta de la mayoría consistía en indicarme qué hacía yo mal. Algunos hombres me contaron que habrían deseado que alguien los acosara sexualmente, pues al parecer eran incapaces de imaginarlo de otra forma que no fuera como una invitación placentera por parte de alguien atractivo. Nadie me ofrecía la ayuda de reconocer lo que yo vivía o de convenir en que tenía derecho a estar a salvo y ser libre.

Era como si todo el mundo me hiciera luz de gas. Vivir en una guerra que nadie de mi entorno admitía que lo era..., estoy tentada de decir que eso me volvía loca, pero a las mujeres se las acusa muy a menudo de estar locas para socavar su capacidad de dar pruebas y mostrar la realidad de lo que declaran. Además, en esos casos «locura» suele ser un eufemismo de «sufrimiento insoportable». En consecuencia, no me volvía loca; me causaba una angustia, una preocupación, una indignación y un agotamiento insoportables.

Me enfrentaba a la renuncia anticipada de mi libertad o al riesgo de perderla de las peores maneras que cupiera imaginar. Las personas enloquecen cuando otras les dicen que las experiencias que viven no han ocurrido en realidad, que las circunstancias que las asedian son imaginarias, que los problemas existen solo en su cabeza y que la angustia que sienten es una señal de su fracaso, cuando el éxito sería callar o dejar de saber lo que saben. De este dilema intolerable surgen tanto los rebeldes que eligen el fracaso y el riesgo como los prisioneros que optan por la docilidad.

En la década de los ochenta se hallaba en pleno apogeo un movimiento feminista, con mucho que decir sobre la violencia contra las mujeres —incluso las manifestaciones de Take Back the Night contra esa violencia—, pero en aquella época no estaba a mi alcance. Yo era muy joven, me encontraba demasiado inmersa en culturas que no encajaban en aquella otra que parecía formada sobre todo por mujeres mayores; además, hablaban una lengua que todavía no había aprendido. Se hallaban lejos, a una distancia que recorrería poco a poco, después de que toda esa violencia me convirtiera en una feminista solitaria. Escribí sobre la violencia contra las mujeres en un artículo de portada de una revista punk en 1985, en reseñas y ensayos de arte en los años noventa, en un capítulo de mi historia del caminar de 2000, en la que detallaba los obstáculos con que se topan las mujeres cuando salen a andar por el mundo.

Hay una clase de indignación que conozco bien, la de quienes tienen la sensación de que no se les reconoce el mal que les han infligido, y una clase de trauma que convierte a la persona que lo sufre en una narradora compulsiva de una historia pendiente. La cuenta hasta que alguien rompe el maleficio escuchándola y creyéndola. A veces he sido la persona con experiencias de primera mano, pero también he albergado ese sentimiento con respecto a la violencia contra las mujeres en general.

En aquella época, cuando la experiencia era personal, me exhortaban a mudarme a una zona más acomodada (aunque los acosos más malintencionados los sufrí en lugares de ese tipo), a comprarme un coche, a gastar en taxis un dinero que no tenía, a cortarme el pelo, a vestirme como un hombre o a ir pegada a uno, a nunca salir sola, a conseguir un arma, a aprender artes marciales, a adaptarme a esa realidad, de la que hablaban como si fuera tan natural e inevitable como el tiempo atmosférico. Pero no era el tiempo atmosférico; no era la naturaleza; no era inevitable ni inmutable. Era una cultura, eran unas personas concretas y un sistema que les daba libertad, miraba a otro lado, erotizaba, disculpaba, no prestaba atención, hacía caso omiso y banalizaba. Cambiar esa cultura y esas condiciones parecía ser la única respuesta aceptable. Y sigue pareciéndolo.

Podía ser yo quien se encontrara en un momento en que no fuera dueña de mi destino, mi cuerpo, mi vida, y estuve a un tris de que me ocurriera, y eso me obsesionó durante unos años que reestructuraron mi psique para siempre. Quizá esa fuera la cuestión: recordarme que jamás sería completamente libre. Esa violencia se dirige sobre todo contra las niñas y las jóvenes a modo de rito iniciático, de recordatorio de que serán vulnerables incluso después de que dejen de ser un objetivo habitual. Cada muerte de una mujer era un mensaje para todas en general, y en aquella época me centré en la supervivencia con una especie de terror y conmoción al descubrir que vivía en una guerra no declarada. Quería que la declarasen, y de vez en cuando la he declarado yo misma lo mejor que he sabido.

En los medios de comunicación y en las conversaciones educadas se acostumbraba fingir que los asesinos y violadores eran hombres marginales, que no eran de los nuestros, pero en aquella época un blanco que desempeñaba el cargo de vicepresidente de un banco estranguló a una trabajadora del sexo adolescente en mi ciudad residencial, a apenas cuarenta y ocho kilómetros de San Francisco, mientras su mujer y sus hijas se encontraban en un campamento de niñas exploradoras. Eran los tiempos del Acechador Nocturno y del Asesino de los Senderos (un blanco de mediana edad que violaba y mataba a mujeres en los caminos que yo frecuentaba en mis excursiones), del Violador de la Funda de Almohada y del Asesino de las Reinas de la Belleza, del Asesino de Green River y del Violador del Pasamontañas, y de otros muchos individuos sin apodo que causaban estragos en la costa del Pacífico.

Dos o tres años antes del inicio de este relato, un hombre secuestró cerca de San Francisco a una quinceañera que se había fugado de casa, la violó, le cortó los brazos y la arrojó a una

alcantarilla, donde supuso que moriría desangrada. La muchacha vivió para prestar declaración y logró llevar una vida normal. Su violador asesinó a otra mujer en cuanto salió de la cárcel. La historia de la adolescente nos obsesionó a la amiga que
me regaló la mesa y a mí. Volví a encontrarla en el *Tito Andró-
nico*, de Shakespeare, donde violan a Lavinia y le cortan las
manos y le arrancan la lengua para acallarla, pese a lo cual logra
comunicar quién la ha destrozado, y otra vez en la mitología
griega cuando el cuñado de Filomela, después de violarla, le
arranca la lengua para que no hable.

He oído y leído muchos relatos de mujeres que sufrieron el
impacto de un único ataque brutal, pero a mi parecer el horror
reside en la generalización de esa violencia. En aquella época
sentía terror, tenía la impresión de que el futuro inmediato de
mi cuerpo podía ser atroz y espantoso. Había una boca de rabia
que quería devorarme hasta no dejar nada de mí, y esa boca
podía abrirse casi en cualquier parte de la tierra.

3

Nunca había estado a salvo, pero creo que en parte el terror que sentí se debió a que durante unos años había creído que a lo mejor lograría estarlo; que la violencia masculina se limitaba al hogar donde crecí, y que por tanto podía dejarla atrás. Una vez escribí que me había criado en un mundo al revés, donde cualquier sitio era seguro excepto mi casa, y todos los demás lugares me habían parecido exentos de riesgos cuando era una niña de una zona residencial al lado del campo, por el que paseaba a mis anchas hasta las colinas y la ciudad, ambas cercanas. Ansiaba irme de casa y lo planeaba desde que era una chiquilla de menos de diez años y elaboraba listas de lo que debía llevarme cuando me fugara. Una vez que me marché, casi nunca volví a sentirme en peligro dentro de mi hogar, aunque entonces el hogar me pareció muchas veces el único sitio donde estaba a salvo.

A los doce, trece, catorce y quince años me asediaron y presionaron hombres adultos cercanos a mi círculo familiar y social para que mantuviera relaciones sexuales con ellos, y fui objeto de acoso callejero. Algunas ausencias son tan profundas que falta hasta el conocimiento de su ausencia; faltan cosas incluso de nuestras listas de cosas que faltan. Eso me sucedió con la voz con la que podría haber dicho «No, no me interesa, déjame en paz», algo de lo que me he dado cuenta hace poco.

A menudo decimos «acallar», que da a entender que alguien ha intentado hablar. En mi caso no hubo acallamiento porque no se interrumpió ningún discurso: este ni siquiera empezó, o se había interrumpido hacía tanto tiempo que no recuerdo cómo sucedió. Jamás se me pasó por la cabeza hablar a los hombres que me presionaban, pues no se me ocurrió que tuviera la autoridad para hacerme valer o que ellos tuvieran la obligación o el deseo de respetar mi palabra, o que esta consiguiera algo más que empeorar las cosas.

Me convertí en una experta en evaporarme, deslizarme y escabullirme, en retroceder y zafarme de situaciones difíciles, en esquivar abrazos, besos y manos indeseados, en ocupar cada vez menos espacio en el autobús cuando un hombre se despatarraba e invadía mi asiento, en desligarme poco a poco o en desaparecer de golpe: en el arte de la inexistencia, ya que la existencia era muy peligrosa. Se trataba de una estrategia difícil de desaprender las veces que deseaba abordar a alguien directamente. ¿Cómo acercarse a alguien con el corazón y los brazos abiertos cuando durante décadas se ha sobrevivido mediante evasivas? La amenaza dificultaba el detenerse y confiar el tiempo necesario para relacionarse, y también complicaba el seguir avanzando, por lo que a veces parecía que todo estaba destinado a emparedarme a solas en casa, como si fuera una persona a la que metieran en su ataúd antes de tiempo.

Caminar era mi libertad, mi alegría, mi medio de transporte asequible, mi método para aprender a entender los lugares, mi manera de estar en el mundo, de reflexionar detenidamente sobre mi vida y mi literatura, de orientarme. No estaba dispuesta a aceptar que tal vez fuera una actividad demasiado peligrosa, aunque los demás parecían más que dispuestos a aceptarlo por mí. ¡Sé una prisionera —me aconsejaban con tono jovial—, asume tu inmovilidad, reclúyete como si fueras una anacoreta! Sentía el impulso de ir a algún sitio, que en parte era una necesidad metafísica de construir una vida, de cambiar y transformarme, de hacer, pero el viaje literal expresaba esa pasión y descargaba aquella presión; jamás dejaría de caminar. Era un medio para pensar, para descubrir, para ser yo misma, y renunciar a él habría implicado la renuncia a todas esas cosas.

Un día que caminaba por delante de un parque pequeño situado al este de mi barrio, un transeúnte al que veía por primera vez me escupió en la cara sin detenerse. Aunque había más gente alrededor, estaba sola: más de una vez me acosaron en el autobús de vuelta a casa mientras los demás fingían que no ocurría nada, tal vez porque, al igual que a mí, les intimidaba ver a un hombre furioso, o tal vez porque en aquella época era más frecuente que la gente considerara que no era asunto suyo o culpara a la mujer. Los hombres hacían proposiciones, exigían, trataban de entablar conversación, y los intentos enseguida daban paso a la ira. No conocía ningún modo de decir «No, no me interesa» que no fuera provocador, y por tanto no había nada que decir. Las palabras no podían tener ningún efecto positivo para mí, y en consecuencia no tenía palabras.

Por lo general bajaba la vista, callaba, evitaba el contacto visual, me esforzaba por mostrarme lo más distraída, discreta e insignificante que podía —invisible e inaudible—, pues temía esa escalada. Hasta mis ojos tuvieron que aprender cuáles eran los límites respetuosos. Desaparecía en la medida de lo posible porque ser significaba ser un objetivo. Los hombres conversaban, y en ocasiones discutían a gritos, con mi silencio. Me decían a voces que les debía palabras, obediencia, respeto, servicios sexuales. No obstante, la vez que regañé a uno —un blanco bien vestido— que me seguía, con el mismo lenguaje empapado de groserías que empleaba él conmigo, primero se escandalizó y luego amenazó con matarme. Estábamos a plena luz del día en un barrio turístico, por lo que es improbable que fuera a intentarlo, pero el incidente me recordó de forma aterradora lo que se conseguía hablando claro.

Era como si el deseo de esos hombres se viera superado por el resentimiento o la indignación ante la idea de que no sería satisfecho, de que se rechazarían sus insinuaciones, y, como lo sabían de antemano, el deseo y la rabia surgían juntos en proposiciones obscenas y despectivas, en un vocabulario que demostraba su derecho a decir esas cosas y mi indefensión para evitar los insultos. La rabia: era como si creyeran que tenía que obedecer a los desconocidos, como si cualquier mujer perteneciera a cualquier hombre, como si todo el mundo, cualquiera, fuera mi dueño menos yo. Las palabras: ellos las tenían a espuertas, mientras que yo no tenía ninguna, pese a que el resto del tiempo vivía por y para ellas.

Incluso cuando me dirigía a otros, mis palabras parecían inútiles. Una noche, ya avanzada la madrugada, un hombretón cuyos músculos se marcaban debajo del chándal se apeó del autobús detrás de mí —no era el que yo solía tomar, sino otro con una frecuencia mayor a aquellas horas que cruzaba otro barrio y me dejaba más lejos de mi casa— y me siguió varias manzanas. Ya cerca de mi portal vi a un guardia de seguridad uniformado y le pedí ayuda pensando que, a fin de cuentas, para eso estaba. Se dio la vuelta más despacio que yo —mientras se giraba, vi que mi perseguidor se escondía detrás de una valla—, dijo que eran imaginaciones mías y se alejó. El acechador reapareció. Llegué a casa.

Otra vez, tras otro viaje a altas horas de la noche en ese mismo autobús, me atracaron en la misma calle: unos chicos altos me rodearon y uno me sujetó los brazos mientras yo gritaba a los coches que pasaban, sin que ninguno se detuviera, e imaginaba que mis peores temores estaban a punto de materializarse. Me quitaron una cartera llena de negativos y fotografías impresas para una clase de fotoperiodismo, junto con otras tareas académicas. Por lo visto el profesor de fotografía no me creyó y mis calificaciones se resintieron porque el trabajo que presenté en la recuperación no fue tan bueno como el robado. Estudiaba para ser periodista, pero se dudaba de mi capacidad de informar. Las palabras me fallaron de nuevo. Y una vez más. Cuando sufrí otra agresión se lo conté a mi jefe —un psiquiatra infantil de edad avanzada— porque quería explicarle el motivo por el cual ese día yo no estaba haciendo bien mi trabajo, hasta que me di cuenta de que la agresión lo excitaba. La amiga a la que estuvieron a punto de matar había observado el mismo tipo de respuesta entre los hombres de su entorno después del intento de asesinato.

A menudo me decían que eran imaginaciones mías, o que exageraba, que no era creíble, y esa falta de credibilidad, de confianza en mi capacidad de hablar por mí misma e interpretar el mundo, formaba parte de la erosión del espacio en el que podía existir y de la seguridad en mí misma y en la posibilidad de que hubiera un lugar en el mundo para mí y de que se prestara atención a lo que tuviera que decir. Cuando nadie parece confiar en alguien, es difícil que esa persona confíe en sí misma, y si lo hace se enfrenta a los demás; con cualquiera de esas opciones es posible que se crea loca y que la califiquen de tal. No todo el mundo tiene arrestos para eso. Cuando su cuerpo no es suyo ni la verdad tampoco, ¿qué lo es?

Tenía veintiún o veintidós años cuando fui a una fiesta de Nochevieja en casa de unos amigos homosexuales que vivían en una zona residencial del condado de Marin, el condado del Asesino de los Senderos y del banquero homicida. Mi novio de aquel entonces se ocupaba de la iluminación de un concierto, pero en principio tenía que reunirse conmigo a medianoche. Se retrasó debido a su dedicación al trabajo y me entristeció que no celebráramos juntos el Año Nuevo. En aquella época yo no tenía coche y no quería pedirle a nadie que me llevara a casa, así que bastante después de medianoche me encaminé hacia la de mi madre, que quedaba a un kilómetro y medio más o menos, con la idea de entrar a hurtadillas y dormir en el sofá sin molestar a nadie. Tal vez ella estuviera fuera; no recuerdo esa parte, pero lo que ocurrió antes es imborrable.

Ya en la vía principal que unía ambas casas me percaté de que había alguien detrás de mí. Me volví: era un hombre corpulento de barba enmarañada y pelo largo. Apreté el paso. Se encontraba a un par de metros de mí, no a una distancia normal, y éramos las dos únicas personas que caminaban a esas horas. Estaba oscuro, los arbustos que separaban las casas a oscuras se alzaban imponentes y arrojaban sombras; la del hombre y la mía se agrandaban y se empequeñecían de una farola a otra, y las de la calle se arremolinaban y agitaban con los faros de los coches que pasaban.

En cuanto lo vi, empezó a hablarme: una retahíla incesante de palabras en voz baja para decirme que no me seguía, que no me fiara de mi criterio; un curso acelerado sobre cómo hacer luz de gas destinado a socavar mi capacidad de evaluar la situación y tomar decisiones. Se le daba muy bien, de modo que sus frases insinuantes desorientaban a la jovencita que yo era. No cabía duda de que el individuo tenía mucha práctica. Más tarde me pregunté qué daño habría causado a otras mujeres antes y después de aquella noche.

Lo que en gran medida convierte a las jóvenes en buenas presas es su falta de seguridad en ellas mismas y su discreción. Ahora yo pararía coches, me plantaría en mitad de la calzada, armaría jaleo, aporrearía puertas, respetaría mi percepción de la amenaza y emprendería cualquier acción que pareciera capaz de alejarme de ella. Importunaría a alguien, a quien fuera. Sin embargo, entonces era joven y me habían enseñado a no montar escándalos y a dejar que otras personas decidieran qué era aceptable e incluso qué era real. Hasta muchos años después no me negaría a permitir que los hombres me dijeran qué había ocurrido y qué no.

En el bulevar oscuro me comporté como si aquello no estuviera sucediendo, aunque crucé la calle para ver si el individuo me seguía. Se pegaba a mí como una maldición. La caminata parecía inacabable, si bien esperaba llegar a mi destino antes de que me atacara, pues creía que si yo no alteraba la situación de tablas en que nos encontrábamos quizá tampoco lo hiciera él. Pasaban coches. Las sombras se arremolinaban. Volví a cruzar la calle. Me siguió. Y otra vez. Y otra. Finalmente, a unas manzanas de mi destino, un conductor detuvo su sedán junto a la acera y se inclinó para abrir la portezuela del pasajero y ofrecerse a llevarme.

—¿No sabes que subir al coche de un desconocido es lo más peligroso que se puede hacer? —murmuró mi perseguidor, casi pegado a mi espalda.

Naturalmente, me lo habían advertido infinidad de veces, de modo que dudé.

Luego subí.

—He pasado antes por aquí y he pensado que no era asunto mío —me dijo el hombre del sedán—. Luego he pensado que parecía una película de Hitchcock, y por eso he vuelto.

Agradezco que un hombre me salvara de un hombre. Ojalá yo no hubiera estado en una película de Hitchcock en la que necesitara que me salvaran.

A pesar de que me persiguieron, me gritaron, me atracaron y me magrearon, de que más de un desconocido amenazó con matarme, de que alguna que otra vez me sentí en peligro con hombres a los que conocía y de que otros fueron detrás de mí mucho después de que intentara desalentarlos, nadie me violó, lo que sí les ocurrió a muchas de mis amigas, y todas sorteamos esa amenaza durante la juventud, como les sucede a la mayoría de las mujeres en la mayoría de los sitios. Te llega aunque no te toque. En aquellos años me fijaba en las pequeñas historias ocultas en las últimas páginas de los periódicos, que les dedicaban un par de párrafos, y mencionadas de pasada en los informativos de la televisión, sobre trabajadoras del sexo descuartizadas, niñas asesinadas, jóvenes torturadas y mujeres sometidas a largos cautiverios; sobre mujeres asesinadas por sus maridos, niñas asesinadas por sus padres, y demás, cada caso tratado como un hecho aislado o, cuando menos, como algo que no formaba parte de una pauta a la que mereciera la pena dar nombre. Uní los puntos, vi una epidemia, hablé y escribí sobre las pautas que observaba y esperé tres décadas a que pasara a ser un tema de conversación pública.

4

La amenaza de violencia se aloja en la mente. El miedo y la tensión habitan el cuerpo. Los agresores consiguen que pensemos en ellos; han invadido nuestros pensamientos. Aunque no llegue a ocurrirnos ninguna de esas cosas terribles, la posibilidad de que se produzcan y los recordatorios constantes hacen mella. Supongo que algunas mujeres los hunden en un recodo de la mente y toman decisiones para minimizar la realidad del peligro, que de ese modo se convierte en una resta invisible de quienes son y de lo que pueden hacer. No expresada, inexpresable.

Yo sabía qué se perdía, y ese peso me aplastó entonces, durante aquellos años en que daba mis primeros pasos, en que intentaba construir una vida, tener voz, encontrar un lugar en el mundo. Conseguí todos esos objetivos, pero más tarde diría en broma que evitar que me violaran fue el pasatiempo más absorbente de mi juventud. Requería una atención y una cautela considerables y provocaba constantes cambios de itinerario por las ciudades, las zonas residenciales y los parajes naturales, los grupos sociales, las conversaciones y las relaciones personales.

Si se echa una gota de sangre en un vaso de agua clara, seguirá pareciendo agua, y lo mismo si se echan dos o seis, pero llegará un momento en que ya no estará clara, ya no será agua. ¿Qué cantidad penetra en nuestra conciencia antes de que nuestra conciencia cambie? ¿Cómo les afecta a las mujeres que tienen una gota, una cucharadita o un torrente de sangre en sus pensamientos? ¿Qué sucede si se trata de una gota diaria? ¿Y si nos limitamos a esperar a que el agua se vuelva roja? ¿De qué modo nos afecta ver torturadas a personas como nosotras? ¿Qué vitalidad y sosiego o capacidad de pensar en otras cosas, y no digamos ya de hacerlas, se pierden, y qué se sentiría al recuperarlos?

En la peor época dormía con las luces y la radio encendidas para que pareciera que seguía alerta. (El señor Young me contó que unos hombres se habían presentado y habían preguntado en qué apartamento vivía yo, información que por supuesto no les facilitó; no obstante, aquello exacerbó mi nerviosismo.) No dormía bien entonces ni duermo bien ahora. Me mostraba hipervigilante, como se califica a las personas traumatizadas, y disponía mi casa para que también diera la impresión de hipervigilancia. Mi carne se había convertido en algo crispado por la tensión. Miraba los gruesos cables de acero que sujetaban el puente Golden Gate y me recordaban los músculos de mi cuello y mis hombros, que parecían igual de tirantes y duros. Me sobresaltaba enseguida y me estremecía —en realidad me encogía— siempre que alguien hacía un movimiento brusco a mi lado.

No cuento todo esto porque crea que mi historia es excepcional, sino porque es corriente: la mitad de la tierra está pavimentada con el miedo y el dolor de las mujeres o, mejor dicho, con su negación, lo que no cambiará hasta que las historias sepultadas debajo vean la luz. Lo cuento para señalar que no podemos imaginar cómo sería una tierra sin este mal corriente y extendido, aunque supongo que rebosaría de una vida deslumbrante; que una confianza gozosa, ahora tan escasa, sería común, y que la mitad de la población se quitaría de encima un peso que ha vuelto otras muchas cosas más difíciles o imposibles.

También lo cuento porque cuando he escrito sobre estos temas en general —con la voz objetiva de los editoriales y de las inspecciones del escenario del crimen— no he presentado del todo la forma en que nos hace daño o, mejor dicho, la forma en que me lo hizo a mí. En el libro de Sohaila Abdulali sobre el hecho de sobrevivir a una violación hay un fragmento acerca de un tipo de voz, «una manera de contar la historia en una estructura fluida, con actitud impasible, con entonación, pero sin verdadera emoción. [...] Por más detalles que compartamos, omitimos los insoportables que nadie quiere escuchar». En mi libro sobre el caminar escribí: «Fue el más devastador descubrimiento de mi vida saber que no tenía derecho real a la vida, la libertad y la búsqueda de la felicidad en el exterior, que el mundo estaba lleno de extraños que parecían odiarme y desear herirme por ninguna razón más que por mi género, que el sexo podía tan fácilmente volverse violencia y que casi nadie más lo consideraba un asunto público más que un problema personal»,* si bien esas palabras tampoco acababan de ser una inmersión en el interior de mi mente.

El peligro arrasaba mis pensamientos. Se me presentaban por sí solas posibilidades de agresiones, y en ocasiones las reconducía imaginando que ganaba el combate, por lo general mediante técnicas de artes marciales que en realidad no domino, y de ese modo mataba una y otra vez para evitar que me mataran en los años más lúgubres de aquella época, en circunstancias imaginarias que eran molestas, indeseadas, impulsadas

* Rebecca Solnit, *Wanderlust. Una historia del caminar*, traducción de Álvaro Matus, Madrid, Capitán Swing, 2015. *(N. de la T.)*

por la angustia, una especie de persecución y una forma de tratar de controlar el que me persiguieran. Me di cuenta de que una de las cosas que podían hacernos los depredadores era inducirnos a pensar como un depredador. La violencia se había infiltrado en mí.

Contaba con métodos de defensa más etéreos. En busca de estrategias para sentirme a salvo, imaginaba prendas de protección, y si imagináis prendas para impedir que os hagan daño, imagináis una armadura, y si fuerais yo acabaríais con toda la quincallería medieval. Durante unos años me obsesionaron las armaduras, iba a los museos a verlas y leía libros sobre ellas, me imaginaba dentro de una, aspiraba a probármela. Hacia el final de ese período una amiga empezó a trabajar como ayudanta de una artista neoyorquina, Alison Knowles, cuyo marido, Dick Higgins, pertenecía a la adinerada familia que fundó el Museo Higgins de Armaduras de Worcester (Massachusetts). Escribí una carta a Higgins para preguntarle si podía concertarme una visita y planteé la petición de probarme una armadura de manera desenfadada, cerebral, como un experimento interesante y no como una fantasía nacida de la desesperación.

Fue lo más cerca que estuve de una armadura, que era una solución imaginativa, no práctica. A fin de cuentas, ¿qué es una armadura, sino una jaula que se mueve con la persona? No obstante, quizá estar en esa jaula me habría dado libertad en cierto sentido. O quizá estuviera dentro y me sintiera al mismo tiempo libre y constreñida: cuando pienso en quién era yo entonces y a menudo soy ahora, la dura superficie reflectante y defensiva se me antoja una buena imagen. Es posible proyectar toda nuestra conciencia en esa superficie, en ser astuta, en mostrarse vigilante, en estar preparada para el ataque o simplemente tan tensa que los músculos se contraigan y la mente se bloquee.

Podemos olvidar nuestro fondo tierno y hasta qué punto la vida más importante tiene lugar bajo la superficie y las superficies. Aun así, es fácil ser la armadura. Morimos continuamente para evitar que nos maten.

Cuando recordaba agresiones o las imaginaba, también se me presentaban por sí solas imágenes de levitación: con frecuencia soñaba que volaba, aunque no pedía esa libertad plena; tan solo fantaseaba con que ascendía hasta ser inalcanzable, sin importar cuántos metros por encima de la cabeza de un perseguidor fueran necesarios. Si no podía tener un cuerpo lo bastante compacto para que no le hicieran daño, un cuerpo blindado, ¿podría tener uno tan etéreo que no formara parte de los enfrentamientos propios de la superficie de la tierra?

Me lo imaginaba con tanto fervor que todavía me parece sentir y ver cómo me elevaba hasta la altura de la farola de delante de mi apartamento y flotaba en su halo luminoso en la noche, a salvo no solo de los depredadores, sino también de las leyes de la física, de las normas que rigen los cuerpos humanos, quizá de la vulnerabilidad de ser una mortal que tenía un cuerpo y vivía en la tierra, y del peso de todos aquellos miedos y aquel odio.

Actos de desaparición

1

Cuando tenía poco menos de veinte años, una noche caminaba con la amiga que me regaló la mesa y un amigo suyo por Polk Street, por el tramo inferior de la calle donde las luces brillantes de los alegres edificios antiguos con tiendas y bares que permanecían abiertos de madrugada daban paso a fachadas más altas y sobrias que arrojaban sombras más largas, y donde los niños fugados de casa se vendían a los hombres que compraban niños. Mientras caminábamos en la oscuridad, yo recitaba el estribillo de una canción que se había apoderado de mí, que no lograba quitarme de la cabeza, que poseía una fuerza que parecía que podía ser mía, por lo que me apropié de ella como si fuera un amuleto, un conjuro que lanzar, un combustible que podía acumular en mi interior y convertirme así en algo imparable.

Era «Mercenaries (Ready for War)», de John Cale, el músico vanguardista y exrockero, uno de los fundadores de la Velvet Underground. Debí de oírla en la radio, porque nunca tuve el disco. La letra, si se lee, rezuma desprecio hacia los militares, pero el ritmo y la voz expresan otra cosa. La crítica eran los raíles, pero la fuerza era el tren que retumbaba sobre ellos; la canción transmitía una cosa y la contraria. La potencia atronadora de la batería y el bajo y la voz masculina, furiosa y estentórea, que recitaba una y otra vez «Ready for war» eran la fuerza de un soldado, eran en sí mismas un deseo de guerra, una hipervigilancia máxima, un estar a punto para cualquier cosa, una armadura hecha de actitud. Yo no quería una guerra, pero, ya que se libraba una, o muchas, quería prepararme para ella. O para ellas. «Solo otro niño soldado», decía la canción.

No me imaginaba como un hombre, pero en esos momentos en que me sentía arrastrada por una fuerza que se alzaba en forma de confianza y seguridad no me imaginaba como una mujer. Quería ser dura, invencible, imparable, y carecía de ejemplos de mujeres con tales características. En cualquier caso, me sumergí en el momento y en la música; en aquel entonces me parecía que ser yo era estar fuera de esa fuerza o ser incapaz de acceder a ella, ser vulnerable, pero no en el sentido de ser abierta y sincera, sino propensa al daño. Creo que muchas niñas y jóvenes sienten ese anhelo que es en parte el deseo de tener un hombre y en parte el de serlo, de fundirse con esa potencia, de estar donde se encuentra la fuerza, de ser poderosa, de unirse a ella en su ser o acercándole su cuerpo a modo de ofrenda o para que la fuerza se transmita. Ser la armadura y no lo vulnerable que hay detrás de ella.

A los quince años me enamoré del punk rock cuando apareció por primera vez en la escena estadounidense. Dio forma y voz a mi furia y a mi energía explosiva en letras sobre la rebeldía y la indignación, en una música atronadora y galopante. Al principio, a finales de la década de 1970, era una música para los marginados, y la mayoría de sus seguidores eran esqueléticos, idealistas y experimentales. En los primeros bailes slam la gente daba botes y chocaba entre sí de manera inofensiva. Los atléticos empujaron a un lado a esos patosos más tarde, cuando unas cuantas bandas de hombres musculosos del sur de California se impusieron en lo que se transformó en hardcore o thrash, y las entradas de las salas de conciertos y clubes se convirtieron en palestras gladiatorias dominadas por varones jóvenes corpulentos y alguna que otra mujer capaz de derribarte y pisotearte si no sabías defenderte. Al final me pareció otro lugar al que ya no pertenecía.

No obstante, durante un tiempo habló por mí y para mí y a través de mí, y un día, con poco menos de veinte años, caminé por la calle cantando a gritos ese tema del álbum de John Cale más influido por el punk. Era como si pudiera elegir entre ser fuerte e intrépida o ser yo y careciera de un mapa que me indicara dónde podían cruzarse esas dos cosas. Me parecían líneas paralelas que discurrirían siempre una al lado de la otra.

2

¿Dónde se sitúa una persona? ¿Adónde pertenece? A menudo estas son preguntas sobre el posicionamiento o los valores políticos, pero en ocasiones son personales: ¿tiene la sensación de que dispone de espacio para mantenerse firme? ¿Su existencia está justificada a sus ojos, hasta el punto de que no debe retirarse o atacar? ¿Tiene derecho a estar ahí, a participar, a ocupar un espacio en el mundo, en la sala, en la conversación, en el archivo histórico, en los órganos rectores; a tener necesidades, carencias, derechos? ¿Se siente en la obligación de justificarse, disculparse o excusarse ante los demás? ¿Teme que la dejen en la estacada, que le den con la puerta en las narices? ¿No reclama sus derechos porque ya la han derrotado o porque prevé que la derroten si se hace notar? ¿Puede manifestar lo que desea o necesita sin que ni ella misma ni las personas a quienes se dirige lo consideren un acto agresivo o una imposición?

¿Qué significa no avanzar como un soldado en combate ni retroceder? ¿Qué sería sentir que tenemos derecho a estar ahí, cuando «ahí» no es ni más ni menos que el espacio que habitamos? ¿Qué significa poseer un espacio y sentir que nos pertenece hasta en nuestros reflejos y emociones más profundos? ¿Qué significa no vivir una guerra, no tener que prepararse para ella?

En parte, todo eso se deriva de la posición que ocupan las personas en la sociedad y de los factores clásicos de la raza, la clase social, el género, la orientación sexual y otros aspectos que entran en juego, y en parte, de una característica que sería demasiado simplista denominar «confianza en ellas mismas». Quizá sean mejores los términos «convicción» o «fe». Fe en ellas mismas y en sus derechos. Fe en sus versiones y su verdad, en sus respuestas y necesidades. Fe en que se encuentran en su sitio. Fe en que importan. Me parece que quienes la poseen al cien por cien son una minoría y que hacen gala de una lucidez de la que el resto carecemos: saben quiénes son y dónde están, cómo y cuándo responder, qué les deben y no les deben a los demás. Sin retroceder ni atacar, habitan un lugar que no existe para el resto y que no es el de la gente con una confianza excesiva en sí misma, que ocupa demasiado espacio y toma el habitado por otros.

Quizá siempre habite en las preguntas más que en las respuestas. ¿Qué es mío? ¿Dónde soy bien recibida, dónde se me permite estar? ¿Cuánto espacio se me concede? ¿Dónde me cortan el paso, en la calle, en mi profesión o en las conversaciones? Cabe imaginar nuestras batallas como luchas territoriales para defender un territorio o anexionarlo, y es posible entender que nuestras diferencias tienen que ver, entre otros aspectos, con el espacio que se nos otorga o se nos niega para hablar, participar, deambular, crear, describir, vencer.

Una de las batallas en que me enfrasqué de joven tenía que ver con si el territorio de mi cuerpo se hallaba bajo mi jurisdicción o bajo la de otra persona, de cualquiera, de todas las demás, si estaba expuesto a invasiones hostiles, si yo controlaba sus fronteras, si mandaba en mí misma. ¿Qué es la violación, sino la insistencia en que los derechos de un hombre sobre el espacio, e implícitamente de los hombres en general, se extienden al interior del cuerpo de una mujer y que los derechos de esta y su jurisdicción no se aplican ni siquiera al territorio que es ella misma? Aquellos altercados en la calle tenían que ver con hombres que afirmaban su soberanía sobre mí; que afirmaban que yo era una nación sometida. Intenté sobrevivir siendo una nación discreta, una nación menguante, una nación sigilosa.

Al mismo tiempo me esforzaba por dejarme ver convirtiéndome en escritora, por reivindicar que tenía algo que decir, por ser digna de participar en la conversación que era la cultura, por tener voz, lo cual implicaba otros combates en otros territorios. Estas luchas llegarían poco después de los años en que la amenaza de las calles me crispó de miedo y tensión. Trataba de tener una vida, incluso una vida amorosa, lo que implicaba dejarme ver, atraer, sentirme atraída, y a veces disfruté de los hombres, de mi cuerpo, de mi aspecto, de los ratos en público. Sin embargo, la guerra lo volvía todo más complicado.

Las conversaciones eran otro territorio en que se planteaban preguntas sobre quién acapara el espacio, a qué persona se interrumpe o se hostiga hasta sumirla en el silencio, esa enfermedad que consiste en no ocupar el espacio verbal. En sus mejores momentos, una conversación es alegría y una obra colaborativa, la construcción de una idea, de una percepción perspicaz, un compartir experiencias; en sus peores momentos es una lucha por el territorio, y la mayoría de las mujeres han visto cómo se las echa a empujones, se les prohíbe la entrada o no se las considera preparadas para participar. Con el tiempo se convertiría en uno de mis temas.

3

En ocasiones tener un cuerpo se me antojaba un problema: un cuerpo que me exponía al peligro y a posibles daños, así como a la vergüenza, a deficiencias y a las dificultades de cómo relacionarse y cómo encajar o no encajar, al margen de lo que eso significara y de los sentimientos que imaginara que albergaban las personas seguras de su cuerpo, sus movimientos y sus afiliaciones. Tener un cuerpo de mi género representaba una vulnerabilidad y una vergüenza tan grandes que todavía me sorprendo buscando defensas, versiones de la armadura con la que soñé siendo veinteañera.

Estaba convencida de que mi cuerpo era un desastre. Era blanco, alto y delgado, que en teoría son las mejores cualidades desde el punto de vista de lo que la cultura en general valora y aprecia en la figura femenina. Sin embargo, veía el mío como un conjunto de errores y fallos, de vergüenza constatada y potencial. Las normas sobre el cuerpo de las mujeres eran rigurosas, y siempre podíamos medir la distancia que nos separaba del ideal, aunque no fuera grande. Y por más que aceptáramos nuestras formas imperfectas y la realidad de la biología y de las funciones y los fluidos corporales, estábamos reñidas con el ideal femenino, como nos recordaban infinidad de productos, chistes y comentarios despectivos. Tal vez las mujeres existamos en un constante estado de incorrección y el único modo de triunfar consista en rechazar las condiciones por las que es así.

Nunca somos lo bastante guapas y todo el mundo es libre de juzgarnos. En sus memorias tituladas *Dentro de mí*, Doris Lessing cuenta que, cuando era joven, un desconocido de mediana edad le dijo en un baile que su figura era casi perfecta aunque tenía un pecho un centímetro más arriba o más abajo que el otro..., no me acuerdo de si lo uno o lo otro, solo de que un desconocido pensó que poseía jurisdicción sobre el cuerpo de Lessing y pregonó lo que debía de ser un defecto del todo imaginario para demostrar no solo su derecho y su facultad de emitir un juicio, sino también el sometimiento de ella a tal veredicto.

Los hombres no paraban de decirme lo que debía hacer y ser. Un día de mi escuálida juventud en que paseaba por North Beach comiendo un pastelito comprado en una panadería italiana, un individuo corpulento de mediana edad me reprendió diciéndome que debía controlar el peso. Los hombres me ordenaban que sonriera, que les chupara la polla, y cuando tuve un coche viejo con los cables de la batería flojos, siempre que abría el capó y me ponía a toquetearlos se acercaban para decirme lo que había que arreglar, y los que me hablaban se equivocaban siempre y al parecer no se daban cuenta de que yo sabía lo que hacía.

En realidad, el problema no reside en los cuerpos, sino en la despiadada inspección a la que se los somete. El problema es ser mujer. O ser una mujer sometida a los hombres. Mi madre, que había sido católica, me transmitió con afán su profunda vergüenza respecto a las funciones y la forma del cuerpo femenino, y la tendencia de mi padre a criticar, con los términos más asépticos, la anatomía de ambas y a veces la de las mujeres que pasaban no mejoró la situación, como tampoco el hecho de que esas actitudes no fueran insólitas, sino elementos corrientes en una cultura obsesionada con el cuerpo que en aquella época cuantificaba la belleza femenina de acuerdo con unas medidas y tallas precisas, y que nos decía que las recompensas por cumplir esos requisitos eran ilimitadas y los castigos por no reunirlos, infinitos, y que en cualquier caso nos castigaba a todas porque, en última instancia, jamás lograríamos alcanzar ese canon.

Conque me encontraba en la misma situación que otras muchas jóvenes: intentábamos ubicarnos en un punto intermedio entre aquel en que se nos despreciara o se nos diera de lado por no ser atractivas y aquel otro en que se nos amenazara o envidiara por serlo; movernos entre dos zonas de castigo en un espacio tan fino que quizá nunca existió; encontrar un equilibrio imposible entre ser deseables para las personas a quienes deseábamos y estar a salvo de aquellas a las que no deseábamos.

Se nos enseñaba a complacer a los hombres, por lo que nos resultaba difícil complacernos a nosotras mismas. Se nos enseñaba a ser deseables de formas que nos inducían a rechazarnos y a no aceptar nuestros deseos. Por eso me fugaba. Mi cuerpo era un hogar solitario. Yo no estaba siempre en casa; con frecuencia estaba en otro sitio. De joven imaginaba como algo positivo una versión de seres humanos, propia de la ciencia ficción, que se convertían en cerebros contenidos en frascos; pensaba que nuestro cuerpo era algo triste que nos aprisionaba, y no un instrumento de gozo, de relaciones personales y vitalidad, la condición innegociable de nuestra existencia. No me extraña que estuviera flaca; no me extraña que se elogiara a las mujeres por estar delgadas, por ocupar el menor espacio posible, por encontrarse al borde de la desaparición; no me extraña que algunas de nosotras desaparecieran comiendo menos de lo debido, como un país que cede territorio, un ejército que se repliega, hasta que deja de existir.

Tenía un cuerpo. Había sido una niña bajita, delgada y nervuda, retraída pero activa en lo que me interesaba, que deambulaba por las colinas y trepaba a los árboles. A los trece crecí de pronto varios centímetros, y mi carne tardó muchos años en alcanzar a los huesos. Cuando me marché de casa medía uno setenta y pesaba menos de cuarenta y cinco kilos; durante aquel primer año mi peso aumentó despacio, poco a poco, hasta llegar a los cuarenta y cinco, y en la treintena ya tenía más o menos el que me correspondía. El caso es que durante mucho tiempo estuve más delgada de lo normal; no era esbelta como las jóvenes con poca grasa sobre los músculos, porque tampoco tenía demasiado músculo.

Mi esqueleto no quedaba lejos de la superficie. Me sobresalían tanto los huesos de la cadera que a veces la gente creía que llevaba algo en los bolsillos delanteros de los vaqueros. Yo imaginaba que eran revólveres de cachas nacaradas. Cuando estaba tendida en la bañera y quitaba el tapón, se formaba un charco en mi vientre hundido. Se me marcaban las costillas. Mi cintura era tan pequeña que una vez un gay me dijo de guasa que no tenía torso, sino abdomen y tórax, como las abejas y avispas. Fue mi amigo David Dashiell, y empleó la palabra «tórax», y en parte éramos amigos porque podíamos bromear de esa forma.

Hay una fotografía hecha por el hombre que paseaba con nosotras aquella noche en que canté «Ready for War» poco después de mudarme al apartamento. En ella salgo con un traje gris de los años cuarenta que llevaba continuamente como mi vestimenta elegante o, mejor dicho, con la falda de tubo del traje, sin la americana, y con un chaleco masculino ceñido con un cinturón y puesto al revés, como si fuera una blusa con la espalda al aire. Estoy pegada a la pared, con su moldura rectangular, dando la espalda a la cámara, una espalda que parece vulnerable, no formada, con la cabeza vuelta hacia la derecha, un sombrerito con velo sobre la cara, aún infantil, y guantes negros hasta el codo. Trato de refugiarme en mi sombra.

La vestimenta sugiere un intento de ser elegante, sofisticada, de ser adulta, de prepararme para el mundo y buscar un mundo preparado para mí; un retrato de esas aspiraciones juveniles. La pose sugiere un intento de escapar y esfumarme. Trato de aparecer y desaparecer al mismo tiempo. Medí la cintura de esa falda antes de regalarla cuando tuve la certeza de que no podría volver a enfundármela a menos que enfermara de muerte: poco más de cincuenta centímetros.

Esa delgadez extrema me volvía frágil, hacía que me agotara, que tuviera una energía limitada, que enseguida me entrara frío; tal vez me convirtiera con mayor facilidad en un objetivo: era la antítesis de la robustez. El punk rock era en parte un intento de imbuirme de un espíritu que contrarrestara la fragilidad, o quizá fuera que tenía una carne frágil y un espíritu indómito. A veces pienso que en mi juventud hui a la ciudad porque escapar en la otra dirección, hacia el campo y la naturaleza, habría exigido un vigor físico del que entonces carecía. Podía caminar distancias largas y bailar durante horas, pero experimentaba momentos de fatiga —probablemente debidos a bajadas de azúcar— en los que me costaba permanecer despierta, me daban mareos cuando me levantaba de golpe y solía estar cansada.

La delgadez se considera una virtud, el resultado de la disciplina y el autocontrol, y por eso con frecuencia se admira como un signo de carácter. Sin embargo, a menudo no es más que un signo de la lotería genética o de esa etapa de la juventud en que la carne aún no ha alcanzado a los huesos. Algunas personas atribuían mi delgadez a la anorexia o la bulimia, deseosas de convertir lo que envidiaban en algo patológico, indeseable (y hubo años de chistes sobre las víctimas de los campos de concentración y comparaciones con víctimas del hambre, como si mi cuerpo fuera en sí mismo una zona catastrófica).

Hay austeridad en la delgadez, en tener un cuerpo duro, en estar más cerca de la firmeza del hueso que de la blandura de la carne. Es como si a una la sacaran de este asunto desaliñado, fofo y goteante que es la vida, como si lo observara desde fuera, desde un lugar menos mortal, menos dúctil. Como si despreciara la muerte y los placeres carnales. Es una forma irreprochablemente adusta de mostrarse, lo cual significa que la delgadez constituye una verdadera armadura contra los reproches de ser muelle, palabra que alude tanto a la carne elástica y mullida como a la debilidad moral que deriva de la indisciplina. Y del consumo de comida y de la ocupación del espacio.

El cuerpo de las mujeres sanas suele ser blando, al menos en algunas partes, y si la molicie equivale a un defecto moral y la virtud a la superficie dura de un índice bajo de grasa corporal, entonces se trata de otro aspecto en el que ser mujer es un error, y un error del que se sale matándose de hambre. Roxane Gay escribió en *Hambre: memorias de mi cuerpo* que «no debemos ocupar espacio. Que debemos ser vistas pero no escuchadas, y que si somos vistas, debemos agradar a los hombres [...]. Y la mayoría de las mujeres saben que supuestamente debemos pasar desapercibidas, por eso necesitamos denunciarlo alto y claro, una y otra vez, para que podamos resistir y renunciar a lo que se espera de nosotras».*

---

* Roxane Gay, *Hambre: memorias de mi cuerpo*, traducción de Lucía Barahona, Madrid, Capitán Swing, 2018. *(N. de la T.)*

Tal vez pasar hambre sea un modo de disculparse por existir, o de deslizarse hacia la inexistencia, pero yo no intentaba adelgazar. Ya estaba flaca, y comía, aunque la comida no era de lo que más hambre tenía. Tenía hambre de amor, si bien este era un fenómeno tan extraño, ajeno y aterrador que me aproximaba a él de manera indirecta, lo describía con eufemismos, huía de algunas versiones y no reconocía otras. Tenía hambre de narraciones, de libros, de música, de poder y de una vida que en verdad fuera mía; hambre de llegar a ser, de construirme a mí misma, de distanciarme lo máximo posible de donde me encontraba en la adolescencia, de seguir avanzando hasta llegar a un sitio que me pareciera mejor.

Más tarde, cuando tenía veintitantos años, un hombre mayor que yo con el que salía me dijo: «Tienes empuje, nena», y a aquella edad en la que soltaba réplicas mordaces sin reflexionar le respondí, de forma demasiado certera: «Y tú estás apalancado». Tenía empuje para compensar mi existencia con el éxito, para avanzar hasta alcanzar un lugar mejor (y, cuando lo conseguí, la costumbre estaba tan arraigada que no supe aflojar el paso), para hacer algo, para dejar de ser lo que era y convertirme en algo mejor, para satisfacer todas las exigencias que me imponían y, claro está, las necesidades de los demás en primer lugar o de forma preferente. La vida creativa e intelectual me proporcionaba verdadero placer, pero también me apartaba de otros ámbitos de la vida. Yo era como un ejército que se hubiera retirado a su última ciudadela, que en mi caso era mi mente.

Esa reducción física tiene sus equivalentes en cómo vivimos, nos movemos, actuamos, hablamos o nos abstenemos de hacerlo. Lacy M. Johnson escribe acerca de una relación tan controladora que, cuando ella la rompió, el hombre construyó una habitación acolchada donde violarla y asesinarla, de la que ella escapó después de lo primero y antes de que ocurriera lo segundo: «Intenté reducirme de tal modo que no lo provocara, no lo encolerizara; intenté plegarme a sus gustos para que le complaciera todo lo que yo hacía, decía y pensaba. Dio igual porque, hiciera lo que hiciese, nunca era suficiente. Aun así, persistí, hasta que no quedó casi nada de mí, de la persona que había sido. Y la persona en que me convertí, una persona apenas dueña de sí misma, fue la versión de mí que más le gustó».

En su aspecto más brutalmente convencional, la feminidad es un acto de desaparición constante, una eliminación y un silenciamiento para dejar más espacio a los hombres, un espacio en el que nuestra existencia se considera hostil y nuestra inexistencia, una forma de gentil sumisión. Está incrustado en la cultura de infinidad de maneras. A menudo los bancos y las empresas de tarjetas de crédito nos piden el apellido de soltera de nuestra madre como respuesta a la pregunta de seguridad, ya que se supone que su apellido original es secreto, que se borró, que se perdió cuando adoptó el del marido. Ya no está tan generalizado que las mujeres renuncien a su apellido, pero todavía son pocas las que lo transmiten si se casan, y esta es una de las formas en que las mujeres se esfuman o nunca llegan a aparecer.

Era tanto lo que estaba tan ausente que su ausencia rara vez se apreciaba, la falta se hallaba incrustada en los sistemas y en la posibilidad de que las circunstancias fueran distintas. En el transcurso de mi vida han aumentado muchas listas de las cosas que faltan; seguimos sin percibir voces, suposiciones y posturas que reconoceremos en tiempos venideros. A menudo decimos «silenciada», que da por sentado que una persona ha intentado hablar, o decimos «desaparecido», que presupone que la persona, el lugar o el objeto primero habían aparecido. Sin embargo, hay muchas cosas que nunca se susurraron, que jamás se manifestaron, a las que no es que se las obligara a salir, sino que no se les permitió entrar. Y hay personas que se mostraron y hablaron y a las que no se vio ni escuchó; no estaban calladas ni eran invisibles, pero su declaración cayó en oídos sordos, su presencia pasó inadvertida.

Cuando era joven, se definía automáticamente a los seres humanos como «hombre», y «hombre» podía describirse como un hombre individual, y este —e incluso los hombres de los movimientos de liberación, como Martin Luther King y James Baldwin— recurría a esa palabra porque la ausencia de las mujeres estaba tan ausente de nuestra imaginación que poca gente se daba cuenta de que podía —y no digamos ya debía— ser de otro modo. La década de 1950 aportó libros como *The Family of Man* y *LIFE's Picture History of Western Man*; la de los sesenta una conferencia y un libro con el título de *Man the Hunter*, que eliminaba a las mujeres de la historia de la evolución; en los setenta tuvimos *El ascenso del hombre*, una serie larga de la BBC. La actual edición electrónica del *Oxford English Dictionary* señala: «Hasta el siglo XX se consideraba que "hombre" incluía de manera implícita a las mujeres, aunque aludía principalmente a los varones. Hoy en día a menudo se entiende que las excluye».

Eso tenía consecuencias. Son incontables, pero me vienen unas cuantas a la cabeza: los infartos de miocardio se definían por cómo afectaban a los hombres, de modo que era menos probable que se reconocieran y trataran los síntomas de las mujeres, por lo que muchas morían; los maniquíes de las pruebas de choque reproducían cuerpos masculinos, lo cual significaba que el diseño de los sistemas de protección de los vehículos favorecía la supervivencia masculina y las mujeres morían en mayor proporción. El experimento de la cárcel de Stanford, realizado en 1971, presuponía que el comportamiento de los varones jóvenes de una universidad de élite podía generalizarse y representar al de toda la humanidad, y *El señor de las moscas*, la novela de William Golding de 1954 sobre un grupo de colegiales británicos, todos varones, se citaba a menudo como ejemplo de la conducta humana. Si los hombres eran todo el mundo, las mujeres no eran nadie.

Cuando era joven, casi todas las personas que ejercían el poder y salían en las noticias eran varones, el deporte profesional y los canales deportivos de televisión se centraban en los deportes masculinos, y muchos periódicos contaban con una sección femenina sobre hogar, estilo y compras, lo cual daba a entender que todas las demás secciones —la de noticias, la de negocios, las páginas deportivas— eran masculinas. La vida pública estaba destinada a los hombres, mientras que a las mujeres se las relegaba a la vida privada, y las palizas a la esposa se definían como un asunto privado, aunque legalmente era un delito y los delitos eran un asunto público y legal. Andrea Dworkin, cuyo feminismo radical estuvo determinado en parte por un primer matrimonio con un hombre de una violencia letal, dijo: «Recuerdo la locura pura y aplastante de ser invisible e irreal, y el que cada golpe me volviera más invisible y más irreal, como la peor desesperación que he conocido».

Es tan normal que los lugares lleven nombres de varones (en su mayoría varones blancos), y no de mujeres, que no lo advertí hasta que en 2015 creé un mapa cambiando el nombre de los sitios por el de una mujer y me percaté de que había crecido en un país donde casi todo a lo que le habían puesto nombre de persona —montañas, ríos, ciudades, puentes, edificios, estados, parques— llevaba el de un hombre y donde casi todas las estatuas eran de varones. Las mujeres eran figuras alegóricas —la libertad y la justicia—, no personas de carne y hueso. Un paisaje repleto de sitios con nombres de mujeres y de estatuas de mujeres tal vez nos hubiera alentado a mí y a otras chicas en aspectos profundos. Los nombres de las mujeres estaban ausentes, y esas ausencias estaban ausentes de nuestra imaginación. No me extraña que se supusiera que debíamos estar tan delgadas como para fundirnos poco a poco en la inexistencia.

4

Cargaba con otro peso. Sentía —y en ocasiones todavía siento— un terror que sofocaba mis esperanzas y la idea de tener posibilidades; una zozobra que era una verdadera opresión en el pecho, como si tuviera el corazón engastado en plomo, como si me encontrara en un planeta cuya gravedad convirtiera cada paso en una lucha, el levantar las extremidades en un ejercicio fatigoso, y el salir y estar en compañía de otras personas en una perspectiva agotadora.

Era una sensación del presente que surgía de una visión de un futuro que no era tal, un futuro sin progreso; de la convicción de que lo terrible siempre lo será, de que el «ahora» es una llanura monótona que se extiende de manera infinita, sin bosques que le den solaz ni montañas que se alcen, sin puertas que nos inviten a salir: el terror de que nada cambiará, un terror que coexiste de algún modo con el terror de que sucederá algo espantoso, de que no cabe fiarse de lo alegre y de que lo temible anda al acecho. Si esta sensación posee una gravedad, también tiene una geografía: esa parte hundida de la tierra que llamamos «depresión». Parecía hecha de lógica y de un análisis real de la situación, pero era tiempo atmosférico, de modo que se dispersaba como las nubes y, al igual que estas, volvía a acumularse.

Si más adelante escribí sobre la esperanza, fue para dar a conocer la escalera de la lógica y las narraciones con las que logré salir de esas hondonadas que conozco bien.

Desde pequeña imaginaba interrogatorios en que se castigaba, en ocasiones con la muerte, el no dar las respuestas correctas; interrogatorios que debían de haber copiado en parte el formato de los concursos televisivos de mi primera infancia y que debían de contener la burla que acarrea o acarreaba equivocarse en el colegio o en la mesa durante la comida. Me imponía exámenes, carreras y pruebas: si veía un coche azul antes de que pasara el autobús, si se acercaba un pájaro volando antes de que yo llegara a algún sitio, si conseguía alcanzar la mitad del paso de cebra antes que la primera persona del grupo de la otra acera..., variantes del juego infantil «si pisas las rayas de las baldosas tendrás mala suerte». Establecí numerosos parámetros imaginarios que determinaban resultados no relacionados entre sí. Era un reflejo nervioso, una distracción, quizá a veces una tranquilidad cuando el pájaro pasaba volando o cuando yo lograba contener el aliento hasta llegar al otro extremo del puente.

En los concursos televisivos se premia principalmente a la gente por conocer datos difíciles o elegir la opción correcta, pero a quienes fallan se les arroja a las tinieblas exteriores del exilio. Para que eso se convierta en una pesadilla solo hay que imaginar que, por ejemplo, los castigos arbitrarios y severos de nuestros padres, o las burlas de los compañeros, o la violencia de las noticias estuvieran vinculados a las prisas en busca de la información que nos situase en el lugar seguro y gratificante de haber acertado.

Me parecía que eso tenía algo que ver con los emperadores chinos, quizá por las referencias a lo mucho que debían memorizar los funcionarios de la antigua China. Supongo que una de las razones por las que atesoraba información era la angustia que me provocaba ese interrogatorio infernal y la posibilidad de que si conocía el nombre de las piezas de la armadura, la etimología de las palabras, los protagonistas de la guerra de las Dos Rosas, las rutas de peregrinación; que si sabía qué cisnes son mudos y cuáles negros, y que *Eohippus* significa «caballo del alba», que es el diminuto antepasado de los modernos caballos (un inútil dato talismán que he llevado conmigo desde la infancia sin utilizarlo)..., la posibilidad de que ese conocimiento me protegiera de un universo punitivo e incoherente.

Quizá pueda protegernos de otro modo, no repeliendo a nuestros enemigos, sino ayudando a reconocer pautas, significados y amigos que comparten nuestros eclécticos intereses, o estableciendo amistad con nuestra curiosidad y sus hallazgos. A fin de cuentas, Alí Babá abre una cueva pronunciando las palabras correctas. Y a veces las ideas, las frases y los hechos son nuestros amigos.

Leía, fantaseaba, vagaba por la ciudad con fervor en parte porque era un medio de vagar en mis pensamientos, que eran fugitivos y sin cesar se me llevaban consigo en mitad de la conversación, la comida, la clase, el trabajo, la obra de teatro, el baile, la fiesta. Eran un lugar donde deseaba estar —reflexionando, cavilando, analizando, imaginando, albergando esperanzas, indagando conexiones, integrando ideas nuevas—, pero una y otra vez me agarraban y huían conmigo de la situación en que me hallaba. Desaparecía en mitad de las conversaciones, a veces porque me aburría, pero con la misma frecuencia porque alguien comentaba algo tan interesante que mi mente se lanzaba en pos de la idea ofrecida y ya no se enteraba del resto de lo que se decía. Durante años viví en un prolongado ensimismamiento, pasé días enteros sin salir de él, lo cual es uno de los regalos de la soledad.

Soñaba continuamente con volar. En un sueño de 1987 huía de un hombre violento corriendo por unas vías de tren y, al recordar de pronto que podía metamorfosearme, me transformaba en un búho con las alas cenicientas de las polillas. Cuando el individuo se abalanzaba sobre mí y me agarraba las patas, yo volaba a baja altura sobre el agua para arrastrarlo por ella con la esperanza de quitármelo de encima. Sin embargo, la mayoría de los sueños no eran violentos, sino sueños en los que estaba sola, por encima de todo, en la estratosfera, solitaria y libre. Quizá libre del peso de la depresión y las expectativas. Del peso del cuerpo. Del peso de la animadversión.

La belleza de los sitios que sobrevolaba todavía me acompaña, y en mis sueños, al igual que en mi vida de vigilia, amaba los lugares, tenía la sensación de que encarnaban sentimientos, de que eran anclas, una especie de compañeros, incluso de protectores o progenitores. Una vez, en el Pacífico, pensé: «Todo es mi madre salvo mi madre», y reconocí que el océano había sido una madre que me ofrecía fuerza, constancia y consuelo. Al cabo de muchos años, cuando empecé a remar en un bote pequeño, me di cuenta de que en medio del agua me encontraba fuera del alcance de los hombres y los perros, lo cual, junto con la belleza del agua, creaba una sensación serena, soñadora, y los quinientos cincuenta centímetros de envergadura de los remos eran lo más cerca de tener alas que llegaría a estar.

Pero mucho antes de eso volaba. Incluso en los sueños, mi mente lógica se esforzaba por entender cómo era posible, ansiosa por que lo fuera. En uno aprendía a alinear el cuerpo con los campos magnéticos de la tierra, y en otro mi estrategia se inspiraba en una frase que había leído sobre el gran bailarín Nijinsky, quien al parecer quedaba suspendido en el aire una fracción de segundo más de lo que permitía la gravedad, y en un teatro yo también permanecía en el aire durante un intervalo parecido. Me encontraba en un mundo donde la levitación era normal, pero intentaba rebasar los límites y subir más alto. Probaba el frío de la estratosfera superior. O flotaba sobre paisajes verdes.

En ocasiones volaba para probar que podía hacerlo. Era la novia del poeta John Keats y le demostraba que podía volar entre zarzas de moras grandes como faroles, lo que indicaba que tenía, que teníamos, el tamaño de pájaros cantores. Otras veces planeaba sobre los tejados de la ciudad y la vista era deslumbrante, al igual que la sensación de tener todo ese espacio debajo, parecida a la del agua cuando nadamos en lagos transparentes. Era la parte bella y espaciosa de la soledad.

Me preguntaba qué significaba todo ese volar. A veces parecía deberse a la impaciencia de los sueños, ser un salto de montaje del aquí al allí sin ocupar con nada el espacio intermedio. A veces era una huida. A veces era un talento y, como en ocasiones ocurre con los talentos, me separaba de las demás personas, por lo general literalmente, ya que solía alzar el vuelo sola, ser la única que sabía volar, aunque de vez en cuando enseñaba a otras a elevarse o me las llevaba conmigo.

Era una experiencia de no pertenecer al mundo corriente ni estar atada a él. En ocasiones pensaba que tal vez tuviera que ver con la escritura, con ser escritora, y ahora me pregunto por qué no lo relacioné con la lectura, la actividad constante, inveterada, que ocupaba buena parte de mis horas de vigilia desde que había aprendido a leer; con estar en un libro, en una historia, en vidas ajenas y mundos inventados, y no en el mío, sin las ataduras de mi cuerpo y mi vida, de mi tiempo y mi lugar.

Podía volar, aunque ahora me pregunto si el problema era cómo llegar a la tierra.

Libremente por las noches

1

Un día de 2011 recibí en Facebook una petición de amistad de alguien con quien había estudiado en la universidad cuando tenía diecisiete años y con quien después había permanecido en contacto unos cuantos años más; alguien a quien apreciaba por considerarlo una persona en quien confiar y con quien hablar, quizá por quién era él o por cómo imaginaba yo que era, o por cómo había suplido lo que ignoraba de él con lo que yo deseaba. Acepté la petición con entusiasmo y curiosa por averiguar qué habría ocurrido durante el tiempo en que no habíamos sabido nada el uno del otro y cómo sería él. Contestó que aborrecía mis opiniones políticas, pero que le gustaría enviarme copias de las cartas que yo le había escrito. En cuanto me enteré de que era conservador, de pronto cobraron sentido algunos detalles que me habían parecido misteriosos o raros de su persona cuando él era joven. No descubrí nada más de él, pero a partir de él descubrí más sobre mí.

Al cabo de unas semanas entró por la ranura del correo un sobre marrón. Me producía cierto desasosiego encontrarme directamente con aquella jovencita, por lo que esperé varios años para abrirlo. En las fotocopias de las cartas escritas en hojas de bloc de papel pautado amarillo, con una letra menuda y pulcra que ya no es la mía, encontré a una persona que no sabía expresarse. Con esto quiero decir varias cosas. La escritora adolescente que encontré no sabía expresarse con el corazón, pese a que en ocasiones me mostraba cariñosa. Por otro lado, era un batiburrillo de citas y alusiones, expresiones extranjeras y circunloquios, picardía, fingimiento, omisiones y confusión; un intento de emplear un vocabulario que la mantuviera tan ocupada que apenas decía nada, con hechos relevantes mencionados de pasada en frases que se ocupaban de otras cosas que no importaban. La muchacha había juntado un montón de palabras, frases hechas, estructuras sintácticas y tonos, y estaba probándolos, como quien da sus primeros pasos con un instrumento musical, entre chirridos y estruendos. Se expresaba con diversas voces porque aún no sabía cuál era la suya o, mejor dicho, porque todavía no había encontrado una.

En medio de toda esa verbosidad había un fragmento sorprendente. Yo había escrito sobre la fiesta que le había organizado a mi hermano en su dieciocho cumpleaños apenas doce meses después de mudarme al apartamento. Hablaba con orgullo del montón de chocolate de cobertura con que se había embadurnado a un montón de gente, y de que había polvos de talco sobre el estéreo y toallas empapadas de champán en la bañera. La carta proseguía con la enumeración de los ensayos que intentaba escribir, aunque no publicaría nada hasta un par de años más tarde.

Mencionaba «un ensayo largo que desarrollaré para mí misma sobre mi afición a los largos paseos solitarios por las noches, el peligro que entrañan (los he dejado: hace un par de semanas estuvieron a punto de agredirme) y cómo afecta eso a mi actitud respecto al feminismo..., sobre qué valor tienen los progresos realizados en las últimas décadas cuando la libertad física de una se ve amenazada de manera tan grave. Como sabes, la mayoría de las mujeres de las ciudades viven como si se encontraran en una zona de guerra. [...] En cualquier caso hay que pagar un precio: vivir en el peligro un año y medio me ha deformado la mente. Será un artículo de prosa poética colosal, un análisis de la naturaleza de la noche (o al menos un himno a esta)».

No llegué a redactar el ensayo, aunque posteriormente escribí a menudo textos elogiando la oscuridad, a veces con la intención de dar la vuelta a las metáforas en que el bien es la luz o lo blanco, y lo negro y la oscuridad son el mal, con sus problemáticas connotaciones raciales, y con el tiempo publiqué un libro titulado *Esperanza en la oscuridad*. Años después de aquella carta, las temporadas pasadas en el desierto me enseñaron a amar las sombras, la penumbra y la noche como un respiro del calor abrasador y de la luz del día. Y al cabo de cuatro años de aquella propuesta ambiciosa de escribir sobre el género y la noche, escribí por primera vez acerca de la violencia contra las mujeres y cómo nos coarta y nos limita el acceso al espacio público, la libertad de movimiento y la igualdad en todos los ámbitos, y luego escribí una y otra vez sobre el tema.

Casi veinte años más tarde, en mi libro sobre el caminar cité a Sylvia Plath, quien a los diecinueve manifestó: «Haber nacido mujer es mi tragedia. [...] Sí, mi deseo ferviente de alternar con obreros, marineros y soldados, con los parroquianos de los bares (de ser un personaje anónimo de la obra para escuchar y observar), resulta imposible porque soy una chica, una mujer, siempre expuesta al peligro de una agresión. El irreprimible interés que me inspiran los hombres y su vida a menudo se confunde con el deseo de seducirlos, o se interpreta como una invitación a la intimidad. Pero, por Dios, yo solo quiero hablar con todas las personas que sea posible y profundizar todo lo que sea capaz. Me gustaría poder dormir a cielo abierto, viajar al oeste, pasear libremente por las noches».* Al leer el pasaje mucho después de incluirlo en el libro me pregunté quién habría sido Sylvia Plath si hubiera tenido las llaves de la ciudad, como se decía antes, y de las colinas y de la noche, y hasta qué punto su suicidio en la cocina cuando tenía treinta años tal vez se debiera en parte al confinamiento de la mujer a los espacios y delimitaciones domésticos.

Las niñas y los niños son animales diurnos. Para quien acababa de llegar a la edad adulta, la vida nocturna era casi sinónimo del nuevo mundo de sensualidad y sexualidad, de libertad de movimiento y exploración, con la persistente idea de que las normas se diluían un poco al ponerse el sol. Vida nocturna. Clubes nocturnos. Pesadillas nocturnas. Solo unos años antes había salido a la venta el primer éxito de Patti Smith, «Because the Night», que nos dice que la noche pertenece a los amantes y al amor. El amor se hace sobre todo en la penumbra o la oscuridad, y la oscuridad —la insuficiencia de la vista, el sentido más racional, el aguzamiento de los otros sentidos, la espiritualidad que adquiere el mundo cuando vuelve la espalda al sol y mira hacia la galaxia— puede ser en sí misma un abrazo erótico.

Cuando tenía dieciocho años, mi tía bohemia me regaló un ejemplar de *El bosque de la noche*, de Djuna Barnes, y me enamoré de lo que esa novela breve hacía con las palabras y con su magnificencia romántica sobre el dolor y la pérdida. Hoy en día se la recuerda principalmente como una novela lésbica, y el amor de Nora Flood por la escurridiza Robin Vote constituye el esqueleto de la trama, que se desarrolla sobre todo en París. Sin embargo, en el libro se imponen los monólogos a modo de

* Sylvia Plath, *Diarios completos*, traducción de Elisenda Julibert, Barcelona, Alba Editorial, 2016. *(N. de la T.)*

odas del locuaz doctor Matthew O'Connor, que se traviste y vive en una buhardilla, «un irlandés de Barbary Coast (Pacific Street, San Francisco), cuyo interés por la ginecología le había hecho recorrer medio mundo». Es un experto en la noche, en la noche entendida como los misterios del corazón humano, la volubilidad de quiénes somos y la necedad de quiénes creemos ser y de lo que consideramos que deberíamos tener. «Cada día está pensado y calculado, pero la noche no está premeditada —le dice a Flood—. La Biblia está a un lado, pero el camisón está al otro. La noche, ¡cuidado con esa puerta oscura!»*

Es un oráculo similar al transgénero Tiresias de *Edipo rey*, una persona que entiende a los hombres y a las mujeres, lo que desean e imaginan y hacen juntos y a solas. La noche es el espacio en el que impera la intuición poética, y no la lógica; en el que percibimos lo que no podemos ver, y tal vez en cierto sentido O'Connor sea él mismo la noche, o su oráculo y suma sacerdotisa. En aquella carta dirigida a aquel viejo amigo de mi adolescencia, le decía que deseaba trasladar a mi experiencia inmediata el rabioso lirismo de Barnes, casar la poética de lo que deseaba con la política de por qué tenía dificultades para conseguirlo. ¿A quién pertenece la noche? No parecía pertenecerme a mí.

---

* Djuna Barnes, *El bosque de la noche*, traducción de Ana M.ª de la Fuente, Barcelona, RBA, 1993. *(N. de la T.)*

2

Al menos los libros sí me pertenecían. Cerrado, un libro es un rectángulo, fino como una carta o grueso y compacto como una caja o un ladrillo. Abierto, está formado por dos arcos de papel y, visto desde arriba o desde abajo si está de par en par, recuerda la amplia V de los pájaros en vuelo. Pienso en esto y, a continuación, en las mujeres que se convierten en aves, y luego en la Filomela de la mitología griega, que, tras ser violada, se transforma en ruiseñor cuando su cuñado la persigue para darle muerte.

La palabra *nightingale* es antigua, amalgama de *night* y *singer*. Me pregunto si Keats tenía en mente a Filomela al componer su «Oda a un ruiseñor», o si la tenía en mente yo cuando soñé con él y con volar. En la oda, el poeta se imagina volando «en las invisibles alas de la Poesía» hacia el interior de un bosque oscuro, porque «en este lugar la luz no existe» y «suave es la noche»,* una frase que me alegró reconocer en la novela de F. Scott Fitzgerald, que trata sobre el incesto, la violación, el carácter indecible de ambos y cómo el daño se extiende hacia

---

* John Keats, *Odas y sonetos*, traducción de Alejandro Valero, Madrid, Hiperión, 1995. En esta traducción, sin embargo, se dice «Esta noche es tan tierna». *(N. de la T.)*

fuera. Tanto la poesía de Keats como *Suave es la noche* llegaron a mí el año en que cumplí los diecisiete y en que por fin me enseñaron a leer de forma más profunda, a entender un relato como algo formado por capas, ecos, referencias y metáforas.

Había leído mucho antes las *Metamorfosis* de Ovidio, con la historia de Filomela y la de otras mortales, diosas y ninfas devastadas. En los mitos, las mujeres no paran de convertirse en otras cosas, ya que ser mujer resulta demasiado difícil, demasiado peligroso. Dafne se transforma en laurel cuando huye de Apolo, dato que yo sabía incluso antes de memorizar «El jardín», de Andrew Marvell, que incluye los siguientes versos:

> Los dioses, que andan tras belleza humana,
> siempre acaban rendidos ante un árbol.*

Me lo había aprendido en el mismo curso introductorio en que leímos «Leda y el cisne», de Yeats, poema en el cual, ahora me doy cuenta, se ofrecen detalles escalofriantemente explícitos de la violación de una mujer por un dios en forma de ave. «¿Cómo podrá, aterrada, librar los flojos muslos / de las gloriosas plumas, con dedos imprecisos?»** Jamás se mencionó que numerosos mitos griegos tratan de violaciones y mujeres que intentan escapar. No creo que fuéramos demasiado delicadas para que se nos expusiera a eso que estaba en todas partes, tanto en las canciones pop como en los sonetos y los clásicos, pero resulta extraño que la realidad de la violación, su ubicuidad y su im-

---

* Andrew Marvell, *Poemas*, traducción de Carlos Pujol, Valencia, Pre-Textos, 2006. *(N. de la T.)*

** William Butler Yeats, *Antología poética*, traducción de Daniel Aguirre Oteiza, Barcelona, Lumen, 2005. *(N. de la T.)*

pacto no se expresaran ni en el arte ni en la vida. También a nosotras nos habían cortado la lengua.

Ovidio nos cuenta que Filomela, una vez muda, teje la historia de su violación en un tapiz e indica por señas que sea entregado a su hermana, esposa del violador. Cuando la verdad es indecible, la decimos indirectamente; cuando nos quitan la palabra, otras cosas hablan; quizá el cuerpo mismo hable mediante tics, erupciones, estupor, parálisis, que son mensajes en clave sobre lo ocurrido. En el mito hay más derramamiento de sangre y las dos hermanas se transforman en aves; en algunas versiones es la hermana de Filomela quien se convierte en el cantor nocturno, el ruiseñor. En *Sueño de una noche de verano*, cuando las hadas cantan a su reina para que se duerma, invitan a Filomela, tal vez recordando la belleza de su canto o de qué modo la engañaron y traicionaron como mujer.

El ruiseñor de Keats no es la víctima mortal, sino la figura trascendente, inmune al sufrimiento humano: «¡Oh, Pájaro inmortal, no es para ti la muerte! —lo apostrofa el poeta—. Ni las generaciones hambrientas te han pisado».* Memoricé los versos la primera vez que me topé con el poema, o quizá se me quedaron grabados, al igual que muchos otros, como si estuviera construyendo los cimientos para esos ladrillos. El poeta recuerda el canto del ruiseñor oído hace tiempo, las palabras que duran innumerables vidas. El ave es en sí poesía o algo que la poesía —que las alas perdurables de las palabras o el éter de la narración que generan— nos proporciona: abrigo y un lugar atemporal. Un refugio. Un sitio que trasciende los cuerpos y la carne. En el caso de Filomela, la metamorfosis en ruiseñor no llega a tiempo para salvarla de la violación y la mutilación, el

---

* John Keats, *Odas y sonetos, op. cit. (N. de la T.)*

silenciamiento y el cautiverio, pero sí la salva del asesinato, si convertirse en algo diferente de lo que una es se considera sobrevivir.

Un libro: un pájaro que es también un ladrillo. Colocaba mis maltrechos tomos de tapa blanda en columnas de cajas de plástico que iba birlando, de una en una, en la entrada de las licorerías cuando estaban cerradas, y que más tarde, en cuanto conseguí estanterías de madera, devolví a los lugares de donde procedían. Mis aves acudieron en bandadas, y con el tiempo llenaron largas hileras de estantes que volvieron más estrecho el pasillo, ocuparon la mitad del salón y se apilaron en rimeros inestables sobre mi mesa y otras superficies.

En cierto modo equipamos la mente con lecturas de la misma manera que equipamos de libros una casa o, mejor dicho, los libros materiales entran en nuestra memoria y se incorporan al equipamiento de nuestra imaginación. Leyendo creaba una bibliografía, puntos de referencia para un mapa del mundo, un conjunto de herramientas con que entender ese mundo y entenderme a mí en él. Sobre todo, vagaba sola en los libros, o leía cuanto me daban, pues en aquella época era una omnívora que no discriminaba, como a menudo le ocurre a la gente joven también con las personas: duda de su criterio, de lo que la estimula y la desalienta. Así pues, leía todo lo que caía en mis manos y aprendí lo suficiente para localizar caminos en los bosques de libros, para descubrir puntos de referencia y estirpes.

Amaba los objetos materiales que son los libros, y todavía los amo. El códice, la caja que es pájaro, la puerta que lleva a un mundo, aún me parece mágico, y sigo entrando en las librerías y las bibliotecas convencida de que tal vez me encuentre en un umbral que se abrirá hacia lo que más necesito o deseo, y en ocasiones esa entrada aparece. Cuando sucede, hay epifanías y júbilo al ver el mundo de formas nuevas, al descubrir pautas insospechadas hasta ese momento, al recibir un equipamiento inesperado para abordar lo que surja, al captar la belleza y el poder de las palabras.

El puro placer de encontrar voces, ideas y posibilidades nuevas, de que el mundo se vuelva más coherente en aspectos sutiles o enormes, de ampliar o rellenar nuestro mapa del universo, no se encomia lo suficiente, como tampoco la belleza de descubrir formas y sentidos. Y esos despertares se repiten, y siempre que ocurre hay alegría.

3

Como lectora vagaba a mis anchas. Como aspirante a escritora era más complicado. En la adolescencia y hasta bien entrada la veintena me topé sobre todo con literatura escrita por varones heterosexuales, en la cual la musa o la amada, la ciudad explorada o la naturaleza conquistada era una mujer. En la adolescencia batallé con *La Diosa Blanca*, de Robert Graves, que al parecer contenía algo valioso sobre árboles y alfabetos que no conseguí extraer de aquel embrollo erudito. El libro parecía presuponer que quienes escriben poesía suelen ser hombres heterosexuales que se dirigen a una diosa; tal vez animó a algunas jóvenes a esbozar sonrisas enigmáticas y exigir tributos, pero yo quería ser escritora, no musa.

También luché en secreto contra los hombres de mi entorno convencidos de ser artistas y de que yo era su público. Se suponía que las jóvenes existíamos como figuras orbitales, planetas alrededor de un sol, lunas alrededor de un planeta. Nunca éramos estrellas. Cuando tenía dieciocho años, un hombre insistió hasta tal punto en que yo era su musa que tuve la intensa impresión de encontrarme en lo alto de una columna; todavía me parece evocar la sensación de estar plantada en la neblinosa atmósfera grisácea de la nada. Sobre una columna no hay nada que hacer salvo quedarse quieta o caer. Me gustaba escuchar y leer, pero en silencio me oponía a ser solo una escuchante y lectora, si bien lo único que me cabía hacer al respecto era mantenerme a la expectativa y crear mi obra.

Pese a que tenía claro que quería ser escritora desde el año en que aprendí a leer, apenas lo decía por miedo a que se burlaran de mí o me disuadieran. Hasta los veinte no escribí demasiado aparte de las tareas escolares, aunque algunos de esos textos estaban bien. Leía vorazmente. Clásicos, libros reconfortantes, libros inquietantes, novelas contemporáneas, literatura de género, historia, mitología, revistas.

Había libros confortables, y encontraba una clase diferente de consuelo al reconocer en otros mi situación, o equivalentes y analogías de ella, al no estar sola en mi soledad y mi angustia. En ocasiones una obra me daba de lleno: todavía guardo el poema «Never Before» de Philip Levine, publicado en el *New Yorker* en el otoño de 1980 (recorté las columnas de Levine y las pegué con celo formando una tira estrecha, larga como mi brazo y ahora amarillenta, con un tono ambarino intenso donde la cinta adhesiva une las partes. Parece una venda, pero se lee como una herida).

Es un poema sobre la desolación:

> Nunca hasta ahora
> había oído mi voz
> gritar en una lengua ajena
> que la tierra estaba equivocada
> que primero fue la noche y luego nada
> que los pájaros solo volaban hacia la muerte
> que el hielo era el sentido del cambio
> que nunca fui niño [...]

El poema hablaba de mí cuando era casi una niña. En ocasiones, cuando una está desolada, no quiere un respiro, sino un espejo de su situación o algo que le recuerde que no está sola en ella. Otras veces lo que ayuda a afrontar una crisis no es la propaganda ni el arte político, sino aquello que proporciona un respiro.

En aquella segunda mitad de 1980 el *New Yorker* publicó por entregas *El libro de la risa y el olvido*, de Milan Kundera, que me llegó en una pila de revistas. Al igual que los *Labyrinths** de Jorge Luis Borges unos años antes, sus capítulos resultaron reveladores. Me dieron una idea de cómo mezclar cosas, de que lo personal y lo político podía alternarse, de que la narración podía ser indirecta; de que la prosa, al igual que la poesía, era capaz de saltar de un tema a otro o de tomar vuelo; de que las categorías eran opcionales, aunque tardaría otros diez años en abrirme paso entre sus muros.

Quería impulso, intensidad, exceso y extremos, que la prosa y la narración se estrellasen contra los límites. Salvo cuando deseaba ver reforzada mi confianza. Encontré lo uno y lo otro. Vivía de un modo tan profundo en los libros que me sentía sin ancla y a la deriva, sin formar especialmente parte de mi tiempo y mi lugar, siempre con un pie o más en otros sitios, medievales, imaginarios o eduardianos. En ese mundo flotante tenía la sensación de que quizá abriera los ojos o, si no, me encontrara a mí misma en uno de esos otros tiempos y lugares.

Mi tía aficionada a la literatura, la que me regaló *El bosque de la noche*, me regaló también *El pájaro pintado*, de Jerzy Kosinski, cuando yo tenía doce o trece años, por lo que era dema-

---

* Antología de relatos y ensayos de Borges publicada en Estados Unidos en 1962, con prólogo de André Maurois. *(N. de la T.)*

siado joven para leer sobre la brutalidad sexual y la violencia genocida del campesinado polaco presenciadas por un niño judío de ojos y cabello oscuros que deambula por ese mundo y escapa de la muerte por poco. Me enganchó, al igual que el diario de Ana Frank y otros textos literarios sobre el Holocausto. Una angustiosa fantasía recurrente de mi infancia y adolescencia era si yo, con mi pelo y mi piel claros, habría logrado pasar por gentil y, por tanto, librarme del exterminio que se había llevado por delante a los miembros de la familia de mi padre que se habían quedado en Europa. Era otra clase de aniquilación que me obsesionó.

Sin embargo, también tenía la vaga sensación de que quizá de algún modo me encontrara a mí misma en un tiempo y un lugar menos intencionadamente despiadados, donde lo que había aprendido en los libros me prepararía, al menos en parte, para que pudiera arreglármelas. De que podría deambular por la Inglaterra georgiana, la Francia medieval, el Oeste norteamericano del siglo XIX y otros sitios en que me había sumergido, y, por ridículo que parezca, eso me llevaba a dudar de cortarme mi larga melena, y las nociones arcaicas de la belleza, a las que creía ajustarme en mayor medida que a las modernas, me animaban. En aquella época no me parecía imposible que una mañana apareciera otra persona en el espejo o que el mundo de alrededor fuera otro mundo. Tenía siempre a mano la frase de Arthur Rimbaud «Yo es otro».

Sin duda lo que había aprendido en los libros y la vida no me preparó demasiado bien para encajar en el tiempo y el lugar que habitaba. Viví una versión cómica de esa fantasía angustiosa mucho después de superarla, cuando leí dos veces *Preludio*, el poema autobiográfico de Wordsworth, largo como un libro, para escribir un capítulo de mi obra sobre el caminar. Me sumergí de tal modo en su lenguaje —la elegancia pausada, la sintaxis compleja, algún que otro hipérbaton, los circunloquios— que los comentarios que yo dirigía a personas desconocidas y a quienes atendían la caja en las tiendas se recibían con expresiones de desconcierto.

Desligarse de la época que se vive tiene sus ventajas. Creo que así me di cuenta de lo distinta que había sido la conformación de la idea del ser humano, del sentido de la vida, de las expectativas y de los deseos dos generaciones atrás, por no decir medio milenio antes; de que las definiciones se transformaban, y de que eso implicaba que una podía apartarse de los supuestos propios de su época, o cuando menos no aferrarse a ellos, y al menos en teoría no permitir que la hirieran. En otras palabras: que ser humano podía significar muchas cosas. A los trece años leí *La alegoría del amor*, de C. S. Lewis, que describe la construcción social, en la Francia del siglo XII, de las que llegaría a ser nuestras nociones del amor romántico. Que esas expectativas fueran el resultado de un tiempo y un lugar concretos me produjo un sentimiento de liberación, como quien abre las ventanas de un cuarto mal ventilado.

Pese a ese libro de Lewis, absorbí las nociones increíblemente melodramáticas del amor y el romanticismo que plasmaban las novelas y sus falacias de completitud y final. Y tuve algo que la mayoría de las mujeres tuvieron: la experiencia de contemplar a las mujeres desde lejos o de estar en mundos en los que apenas si existían, desde *Moby Dick* a *El Señor de los Anillos*. Que se exija tan a menudo a una persona que sea otra puede debilitar el sentido de la identidad. Debería ser ella misma de vez en cuando. Debería estar con gente que sea como ella, que se enfrente a lo mismo que se enfrenta ella, que tenga sus mismos sueños y libre sus mismas batallas; que la reconozca. En otras ocasiones debería ser como personas distintas de ella, porque dedicar poco tiempo a ser otra persona entraña un problema: se atrofia la imaginación en que echa raíces la empatía, que es la capacidad de metamorfosearse y salir de una misma. Uno de los males prácticos del poder es la falta de esa extensión de la imaginación. En el caso de muchos hombres comienza en la primera infancia, cuando les leen y les dan casi exclusivamente cuentos protagonizados por varones.

La expresión «doble conciencia» se aplica a veces a la experiencia de la comunidad negra en una cultura blanca. En los últimos años del siglo XIX W. E. B. DuBois escribió, en un fragmento muy conocido (y escribió, al igual que hicieron multitud de hombres hasta por lo menos James Baldwin, como si todas las personas fueran hombres o incluso un solo hombre), que «el negro es una especie de séptimo hijo varón, nacido con un velo y con el don de la clarividencia en este mundo norteamericano, un mundo que no le ofrece una verdadera conciencia de sí mismo, sino que solo le permite verse a través de la revelación del otro mundo. Esta doble conciencia, esta impresión de contemplar siempre la identidad propia a través de ojos ajenos, es una sensación extraña». Tal vez debería existir también una expresión para referirse al hecho de no mirar nunca a través de los ojos de otras personas, para algo menos consciente de lo que incluso la conciencia única expresaría.

El marco de referencia de DuBois tuvo eco en *Modos de ver*, de 1972, cuando John Berger imaginó, con generosidad y brillantez, qué era ser algo que nunca había sido: «Nacer mujer ha sido nacer para ser mantenida por los hombres dentro de un espacio limitado y previamente asignado. La presencia social de la mujer se ha desarrollado como resultado de su ingenio para vivir sometida a esa tutela y dentro de tan limitado espacio.

Pero ello ha sido posible a costa de partir en dos el ser de la mujer. Una mujer debe contemplarse continuamente. Ha de ir acompañada casi constantemente por la imagen que tiene de sí misma. [...] Tiene que supervisar todo lo que es y todo lo que hace porque el modo en que aparezca ante los demás, y en último término ante los hombres, es de importancia crucial para lo que normalmente se considera para ella éxito en la vida. Su propio sentido de ser ella misma es suplantado por el sentido de ser apreciada como tal por otro».*

Las mujeres dependemos de los hombres y de lo que estos piensen de nosotras, aprendemos a mirarnos sin cesar en un espejo para ver cómo nos ven, actuamos para ellos, y esta angustia teatral forma, deforma o interrumpe por completo lo que hacemos, decimos y, a veces, pensamos. Aprendemos a pensar en quiénes somos desde la perspectiva de lo que ellos quieren, y prestar atención a los deseos de ellos se convierte en algo tan arraigado que perdemos de vista lo que queremos y a veces nos desvanecemos para nosotras mismas en ese arte de aparecer por y para los otros.

Siempre estamos en otra parte. Nos convertimos en árboles, lagos y pájaros, nos convertimos en musas, putas, madres, el receptáculo de los deseos de otras personas y la pantalla de sus proyecciones, y en medio de eso puede resultarnos difícil convertirnos en nosotras mismas, para nosotras mismas. La lectura de novelas escritas por hombres puede inculcar todo eso, y así ocurrió en mi caso. A veces se alaba a las mujeres consumidas hasta los huesos; a menudo, a las que insisten en sus deseos y necesidades se las insulta o reprende por ocupar espacio, por

* John Berger, *Modos de ver*, traducción de Justo G. Beramendi, Barcelona, Gustavo Gili, 2000. *(N. de la T.)*

quejarse. En este sistema se nos castiga, a menos que nos castiguemos nosotras mismas sumiéndonos en la inexistencia. El sistema es castigo. Una novela como *El canto de la alondra*, de Willa Cather, en la que no se castiga a la ambiciosa y apasionada heroína, dotada de un talento extraordinario, causa estupefacción.

La soledad era un respiro de esa tarea interminable, pero cuando volvía a los libros me convertía a menudo en un hombre que miraba a mujeres. Es probable que ver a las mujeres como problemas, trofeos o fenómenos un tanto siniestros con motivaciones turbias y una conciencia limitada me afectara, al igual que el hecho de que se me animara a identificarme una y otra vez con el hombre y a vivir con la imaginación en lugares donde las mujeres no eran más que adornos marginales, trofeos o yeguas de cría.

En mi caso, eso significaba la identificación con los protagonistas masculinos, con el Jim de *Lord Jim*, novela sin apenas mujeres, y con el yonqui que se considera sexy del *Diario de un rebelde*, de Jim Carroll, y con Pip más que con Estella en *Grandes esperanzas*, y con los buscadores del santo grial, portadores del anillo, exploradores del Oeste, perseguidores y conquistadores de mujeres, misóginos y habitantes de mundos en que las mujeres estaban ausentes. Y para una persona la tarea de encontrar su propio camino debe de ser infinitamente más difícil cuando todos los héroes y protagonistas no son solo de otro género, sino de otra raza, de otra orientación sexual, y cuando descubre que se la describe como la salvaje, la sirvienta o la gente que no cuenta. Existen muchas formas de aniquilación.

No obstante, había algunas que anhelaba. Cuando leía, dejaba de ser yo, y esa inexistencia era algo que perseguía y devoraba como una droga. Me transformaba poco a poco en una testigo ausente, alguien que se encontraba en aquel mundo, pero no era nadie de él, o que era cada palabra, carretera, casa, mal presagio y esperanza vana. Era cualquiera y no era nadie ni nada, y estaba en todas partes en aquellas horas y años que pasé sumergida en los libros. Era niebla, miasma, neblina, alguien que se disolvía en el relato, que se zambullía en él, y aprendí a perderme de ese modo como un respiro de la tarea de ser una niña y luego una mujer, y la niña y la mujer concretas que era. Di vueltas por muchas épocas y lugares, mundos y cosmologías, dispersándome, agrupándome, a la deriva. Me viene a la mente un verso de T. S. Eliot, el primer poeta cuya obra conocí: «de disponer una cara para ver las caras que te encuentras».* Sola, sumergida en un libro, no tenía cara, era todo el mundo, cualquiera, sin límites, estaba en otra parte, libre de encuentros. Quería ser alguien, crear una cara, una identidad y una voz, pero adoraba esos momentos de respiro. Si es que «momentos» es la palabra adecuada: no eran pausas en una vida por lo general sociable, sino la vida interrumpida de vez en cuando por intermedios sociales.

Hay algo asombroso en la lectura, en esa suspensión del tiempo y el lugar propios para viajar al de otras personas. Es una forma de desaparecer de donde estamos…, no de entrar en la mente de la autora, sino de colaborar con ella para que surja algo entre su mente y la nuestra. Traducimos las palabras en nuestras propias imágenes, rostros, lugares, luz y sombra, ruido y emoción. En nuestra cabeza se erige un mundo que hemos construido a instancias de la autora, y cuando estamos presentes en él nos ausentamos del nuestro. Somos un fantasma en

---

* T. S. Eliot, *La tierra baldía (y Prufrock y otras observaciones)*, edición y traducción de Andreu Jaume, Barcelona, Lumen, 2015. *(N. de la T.)*

ambos mundos y una especie de dios en el mundo que no es exactamente el que la autora escribió, sino un híbrido de su imaginación y la nuestra. Las palabras son instrucciones, el libro es un kit, la existencia entera del libro es algo inmaterial, interno, un acontecimiento más que un objeto, y más tarde una influencia y un recuerdo. Es la lectora quien da vida al libro.

Viví en el interior de los libros y, aunque muchas veces se supone que los elegimos para viajar a través de ellos hasta llegar al final, en algunos me instalé: los leí una y otra vez y más tarde los cogí y los abrí por cualquier parte con la única intención de estar en ese mundo, con esas personas, con la voz y la visión de las autoras. Las novelas de Jane Austen, pero también las de Terramar de Ursula K. Le Guin, *Dune*, de Frank Herbert, y con el tiempo las de E. M. Forster, Willa Cather y Michael Ondaatje, algunos libros infantiles a los que volví de adulta, y antes novelas sin demasiado prestigio literario. En esas obras vagaba a mis anchas, pues conocía el territorio en todas las direcciones, y la familiaridad constituía una recompensa, del mismo modo que lo es la novedad en un libro que se lee solo una vez para averiguar de qué va.

No diría que los libros eran una evasión si eso significara que me escondía en ellos por miedo a otra cosa. Eran lugares espléndidos donde estar, estimulaban mi mente y me ponían en contacto con los autores, ya fuera de manera indirecta en las obras de ficción o directa en los ensayos, diarios y relatos en primera persona, que se convirtieron en un polo de atracción cuando comprendí que mi vocación se dirigía hacia la no ficción ensayística.

Nadé por ríos y océanos de palabras y de su poder embrujador. En los cuentos de hadas nombrar algo otorga poder sobre ello; un hechizo es un conjunto de palabras que se pronuncian para conseguir que algo suceda. Esas son versiones concentradas del modo en que las palabras crean el mundo y nos llevan a su centro, de cómo una metáfora abre una nueva posibilidad y un símil tiende un puente. Me permitieron escuchar conversaciones y pensamientos que tenían más hondura y expresaban más de lo que la mayoría de la gente manifestaba frente a frente.

Sin embargo, no eran cálidas, no tenían un cuerpo que se uniera al mío y nunca me conocerían. Vivir a través de los libros era inexistencia, así como muchas otras existencias, mentes y sueños que habitar y maneras de ensanchar la existencia imaginativa e imaginaria.

4

Decidir ser escritora es tan fácil como decidir comer una porción de pastel, pero luego hay que hacerlo. Me instalé en aquel precioso apartamento en el último semestre de mis estudios en la Universidad Estatal de San Francisco. Fue una primavera intensa: trabajaba para ganarme el sustento y cursaba diecinueve créditos, todo con la ayuda de unas cuantas pastillitas amarillas de anfetamina vendidas con receta, el único regalo que me había hecho el hombre con quien había salido antes de mudarme.

Me gradué al cumplir los veinte y enseguida comprendí que el mundo y yo no estábamos preparados el uno para el otro. Conseguí un empleo de recepcionista en un hotelito al que iba dando un agradable paseo. Se encontraba en el límite del distrito Castro, y las calles del barrio estaban atestadas de hombres gais en aquella época, antes de que el sida lo cambiara todo para ellos. Trabajé en el hotel durante un año reparador en el que recuperé el aliento, miré alrededor y no me sentí desesperada por el tiempo o el dinero. Disponía de muchos ratos para leer detrás del buró entre los registros y las salidas de clientes, las reservas telefónicas, las confirmaciones por correo y, de vez cuando, las camas que hacía y las bandejas de desayuno que preparaba. Hubo problemas —un jefe de cierta edad lascivo, las penas de una gobernanta maltratada por su marido, unos cuantos momentos críticos con la clientela—, pero en general fue un período tranquilo.

Tras la graduación me di cuenta de que había aprendido a leer, pero no a escribir ni a ganarme la vida en nada mejor que el sector de ventas y servicios. En aquellos tiempos el género de no ficción no se consideraba creativo ni se enseñaba en los cursos de escritura, de modo que presenté una solicitud de ingreso en el único lugar que podía permitirme y que me pareció más lógico, la Escuela de Posgrado de Periodismo de la Universidad de California en Berkeley, y me admitieron. Como ejercicio de escritura presenté un relato divertido y desenfadado (aunque mecanografiado con gran esfuerzo) sobre un encontronazo que tuve a los dieciocho o diecinueve años con un grupo de mujeres en una discoteca punk.

Las mujeres me habían invitado a participar en una prueba para una película que resultó ser un intento de reproducir el proceso mediante el cual, junto con el hombre tetrapléjico que la dirigiría, habían preparado a una adolescente a través del trabajo sexual para que lo obedeciera. Querían repetir tal proceso conmigo y con solo una cámara cinematográfica; me explicaron que las relaciones sexuales con el realizador eran parte del trato, y él intervino deletreando con su puntero en el tablero de comunicación las letras de la frase «enséñame las tetas». Naturalmente, describieron la servidumbre y la obediencia como una liberación.

El mito de Pigmalión, según el cual una mujer deja de ser una escultura inanimada para convertirse en un ser vivo, se da con mucha mayor frecuencia al revés, como una historia de mujeres que no necesitan ayuda para tener una vida y una conciencia plenas, frente a quienes pretenden rebajarlas a algo de categoría inferior. Tal vez al transformar aquel encontronazo en un texto afirmé mi facultad de pensar, juzgar, hablar, decidir y, quizá de ese modo, construirme. Asistiría a la escuela de posgrado para mejorar en esas capacidades.

No encajé bien en ella cuando empecé los estudios unos meses después de cumplir veintiún años, ya que la mayoría del alumnado al parecer deseaba ser lo que la escuela deseaba que fuéramos: periodistas de investigación cuyo santo grial era la primera plana del *New York Times*. Eran mayores que yo, sabían más de política y procuraban tener un aspecto discreto, mientras que yo seguía con mi extravagante estilo punk rock: prendas negras compradas en tiendas de segunda mano y ojos delineados con lápiz. Deseaba ser escritora cultural, ensayista, aunque tenía más claro lo que no quería que lo que quería exactamente. Deseaba ser más o menos lo que al final llegué a ser, pero en aquel entonces no conocía demasiados modelos y ejemplos, solo tenía preferencias y el entusiasmo que me producía la obra de escritoras y escritores como Pauline Kael, George Orwell, Susan Sontag y Jorge Luis Borges.

Lo que aprendí fue de un valor incalculable. Me enseñaron a tener inventiva para averiguar cosas y la dificultad de cumplir con los plazos de entrega, a organizar un relato y a verificar los hechos. Me inculcaron el desvelo por la precisión del lenguaje, el rigor con los datos y el sentido de la responsabilidad hacia el público lector, los temas y los documentos históricos, que todavía considero importantes.

Antes de que empezara el primer curso se vendió el hotel del distrito Castro y quienes lo compraron me despidieron tras prometer que no lo harían. Desesperada, gracias a mi labia conseguí un trabajo de camarera en un restaurante italiano que acababa de abrir, pero mi incapacidad para descorchar botellas sin un esfuerzo desmañado fue uno de los motivos por los que aquello no salió bien. Si me hubiera ido mejor en el sector de las ventas y servicios, probablemente mi destino habría sido peor. Me dirigí con paso cansino a la oficina de estudios y trabajo de la Universidad de California en Berkeley, expuse el apuro en que me encontraba y aproveché para solicitar uno de los empleos que coordinaban y en parte financiaban. Me interesaron dos, uno en el Sierra Club y otro en el Museo de Arte Moderno de San Francisco, y me ofrecieron ambos. Fui a parar al museo por razones que ya no recuerdo; todavía colaboro con ambas instituciones de vez en cuando.

Aún me sorprende que las refinadas mujeres con perlas y zapatos de salón que llevaban el departamento de investigación y colecciones me contrataran. Acudí a la entrevista con un holgado traje de hombre comprado en una tienda de segunda mano, un cinturón de vaquero para que no se me cayeran los pantalones y mi nuevo peinado rockabilly, corto en los lados y con una madeja encrespada en un tupé. (Había creído que al cortarme mi larga melena ofrecería una imagen agresiva y andrógina, pero, una vez aligerado de su propio peso, el pelo se rizó; la agresividad era un ideal al que aspiré sin éxito, al menos como estética.)

Aquellas mujeres debieron de ver algo en mí, porque enseguida me ascendieron, de modo que dejé la monótona labor archivística para dedicarme a la investigación en serio. Trabajé allí durante los dos años siguientes todos los martes y jueves, y a tiempo completo en el verano entre los cursos de primero y segundo. Fue el mejor empleo que he tenido en la vida. El museo, que había sido el segundo de arte moderno del país, se preparaba para su cincuenta aniversario, que se celebraría en 1985, y yo ayudaba a confeccionar el catálogo de las obras destacadas de la colección permanente que se publicaría con tal motivo; era la primera vez que elaboraba el contenido de un libro. Estudiaba obras de arte importantes, y fue el inicio de mi formación en el arte moderno y contemporáneo.

Me ocupaba de Matisses, Duchamps, Mirós, Derains y Tamayos (creo que no trabajé en ninguna obra que no fuera de artistas varones, aunque me entusiasmó que Whitney Chadwick, historiadora de arte de San Francisco, restableciera la reputación de las mujeres surrealistas, al igual que el surgimiento de Frida Kahlo como icono cultural en aquellos años). Preparaba un dosier de cada pieza: relación de las ventas, exposiciones y personas que habían sido sus propietarias, una reseña de la vida y la obra del artista en el momento de la creación, datos contextuales sobre obras afines, etcétera. Durante dos años entré y salí de almacenes y salas de archivos y deambulé entre estanterías de bibliotecas, mecanografié información en una enorme máquina de escribir eléctrica, mantuve correspondencia con especialistas en la materia, consolidé la biografía de unas cuantas docenas de obras de arte, amplié mi conocimiento sobre la historia del arte y ahondé en ella.

Trabajaba directamente con los cuadros para documentar las etiquetas e inscripciones que llevaban al dorso. Bajé al sótano para catalogar la *Boîte-en-valise*, de Marcel Duchamp, una maletita con miniaturas de sus obras de arte más importantes, y el breve momento de codicia que experimenté —a mi novio de entonces le encantaba Duchamp— se desvaneció en cuanto comprendí que las obras de arte viven en su contexto y que las robadas tienen que existir fuera de él, silenciadas, sin poder circular en la conversación de la que surgieron. El almacén del sótano me transmitiría otros conocimientos: contenía obras de arte que con toda probabilidad no volverían a exponerse, pinturas y diferentes piezas que en su momento habían parecido significativas, pero que se habían borrado de la historia o nunca se habían escrito en ella, estilos extravagantes y héroes desvaídos, movimientos que habían perdido su lustre, desvíos de la carretera oficial de la historia del arte, una sala sin ventanas de huérfanos y exiliados.

También pasé horas en el silencioso cuarto trasero lleno de archivadores de la época de Grace McCann Morley, la genial y olvidada directora fundadora del museo, y fue así como me enamoré de los archivos y de la tarea de componer una crónica a partir de fragmentos. Vi un dibujo de Matisse en una carta dirigida a ella y me ocupé de que lo trasladaran de las carpetas de correspondencia a la colección de arte. Deambulé como una viajera por la historia de numerosas obras artísticas hasta emparme del mundo que las rodeaba y reconocer puntos de referencia a los que yo pudiera regresar. Trabajé en un cuadro del expresionista alemán Franz Marc, un paisaje montañoso que había repintado después de ir a París y ver la novedad que representaba el cubismo; mandé radiografiarlo para desvelar la pintura anterior y busqué los datos para cambiar el título. Participar en la escritura de la historia del arte, incluso con ese acto tan ínfimo, fue muy excitante.

Después de Morley, todos los directores del museo habían sido varones, pero las mujeres parecían dirigirlo todo desde unas cuantas categorías más abajo. Estuve a las órdenes de una amable mujer de clase alta con un despacho minúsculo en la biblioteca, y de ella aprendí mi trabajo. Y a menudo iba a consultar a la veterana bibliotecaria Eugenie Candau, mujer elegante de cabello canoso y voz ronca que tenía su propio despacho, y a veces arramblaba con las postales de exposiciones que ella tiraba a la papelera. Estaba sedienta de imágenes. Recibí una segunda educación tan valiosa y formativa como la que obtenía en la universidad al otro lado de la bahía.

Un día vi una obra del artista de Los Ángeles Wallace Berman y me cautivó. Era una cuadrícula en que se repetía la imagen de una mano con un transistor de cuyo altavoz brotaban distintas imágenes; una obra sobre la cultura popular y el misticismo con unas cuantas letras hebreas diseminadas. Ingenua de mí, fui a buscar el libro que supuse que existía sobre ese creador extraordinario. No había ninguno en aquel entonces, aunque sí encontré un delgado catálogo de una exposición en que se analizaba su obra. Aún no sabía que al cabo de unos años escribiría ese libro, o una versión de él. Elegí a Berman como tema de mi tesis, pese a que era poco ortodoxo que una alumna de periodismo se centrara en algo tan alejado de la información y sus esferas. Berman, fallecido en 1976, había destruido la grabación de la única entrevista conocida que había concedido, por lo que había mucho que reconstruir a partir de archivos y entrevistas a los miembros de su círculo. Las casualidades que me llevaron al museo que me llevó a la imagen que me llevó al proyecto me impulsan a agradecer que no supiera descorchar botellas de vino.

5

Aunque curioseaba en la librería City Lights e investigaba a poetas beat para la tesis, además de entrevistar a algunos, hasta más tarde no me topé con la obra de Diane di Prima, mi paisana de San Francisco, incluido su declaración «No puedes escribir una sola línea sin una cosmología». A menudo la escritura se contempla como un proyecto de crear cosas, una obra cada vez, pero escribimos partiendo de quiénes somos y lo que nos preocupa, de cuál es nuestra verdadera voz y de dejar atrás las voces falsas y las notas erróneas y, por tanto, en la tarea de escribir una obra concreta subyace la tarea general de crear una identidad que lleve a cabo lo que nos proponemos crear.

Así se configura el proceso por el que todo el mundo pasa, el de crear la identidad que hablará y establecer qué valores, intereses y prioridades determinarán nuestro camino y nuestro personaje. Tenemos que descubrir qué tono adoptaremos, cómo modularemos las palabras, si seremos divertidas, deprimentes o ambas cosas. Muchas veces no sale lo que pretendíamos: resulta que somos otra persona con otras cosas que decir y otras formas de decirlas (lo que llamamos «una voz» empieza siendo como alguien a quien no conocemos bien que llega a nuestra puerta con una perspectiva y un tono distintos de los que preveíamos). Descubrimos qué ética subyace implícita o explícitamente en nuestra manera de describir el mundo, qué ideas de belleza perseguiremos, cuáles son nuestros temas, qué significa aquello que nos preocupa, todos esos elementos etiquetados como estilo, voz y tono tras los que se plantea una pregunta sobre el yo.

Retomé la declaración que hace Di Prima en su famoso «Rant» [«Invectiva»]. Más abajo el poema dice:

No hay forma de escapar de la batalla espiritual
No hay forma de evitar el tomar partido
No hay forma de no tener una poética
hagas lo que hagas (fontanero, panadero, profesor)
lo haces con la conciencia de crear
o no crear tu mundo [...]

La voz que salía de mí cuando hablaba en entornos sociales, y a menudo incluso con una única amiga, llevaba una armadura de cien kilos y era incapaz de pronunciar una sola palabra directa acerca de los sentimientos, que apenas experimentaba o que experimentaba a través de tantos filtros que casi no sabía qué era lo que me hacía dar vueltas sobre mí misma. Pero la voz era aquella con la que había crecido y que había aprendido a emular y luego a propagar; una voz que se esforzaba por ser lista, distante, mordaz y divertida, por lanzar dardos certeros y esquivar los que le devolvían o fingir que no le escocían. Se apoyaba en los chistes y las ocurrencias, a menudo crueles, en un juego en que se suponía que quienes se sintieran heridos u ofendidos por esos pinchazos carecían de humor, de fortaleza o de otras cualidades admirables. No entendía lo que hacía porque no me daba cuenta de que había otras maneras de hacerlo, lo cual no significa que en ocasiones no fuera malintencionada.

(Más tarde descubrí que las reseñas cáusticas y socarronas eran las más fáciles y divertidas de escribir, aunque procuré limitarlas a los éxitos más elogiados.)

Había otra clase de humor o, mejor dicho, un ingenio plomizo, que era retorcido y estaba repleto de citas, dobles sentidos y juegos con frases conocidas, de dar vueltas en torno a lo que ocurría y a los sentimientos. Parecía que cuanto más referencial e indirecto fuera un enunciado, cuanto más alejado estuviera de mi reacción inmediata y auténtica, mejor. Tardaría mucho en entender que la ingeniosidad puede ser una limitación y hasta qué punto la crueldad no solo perjudica a la otra persona, sino también nuestras posibilidades, las de quien habla, y que se requiere mucho valor para expresarse con el corazón en la mano. Mi voz de entonces tendía en gran medida a la ironía, a decir lo contrario de lo que yo pensaba. Era una voz con la que a menudo decía algo a una persona con la intención de impresionar a otras; una voz con la que no sabía demasiado acerca de mis opiniones y emociones porque la lógica del juego determinaba los movimientos. Era una voz dura y atada corto.

Esa voz no aparece solo en las conversaciones de una, sino que está en su cabeza: una no dice «Eso duele» o «Estoy triste», sino que suelta una y otra vez furiosas diatribas sobre por qué la otra parte es una persona terrible, y acumula rabia para evitar lo que en el fondo le duele o asusta, hasta que no se conoce a sí misma ni su climatología, ni sabe que es ella la que cuenta el relato que está avivando el fuego. Por lo general tampoco conoce a las otras personas, salvo cuando chocan con ella; es una insuficiencia de la imaginación que se dirige hacia dentro y se proyecta hacia fuera.

Pero esas eran solo las historias internas. Las que quería escribir y la persona que las escribiría aún no habían nacido. Sabía a quiénes admiraba, pero ignoraba quién era yo. No puedes escribir una sola línea sin una cosmología. Tenía mucho trabajo por delante, y lo realicé poco a poco, por etapas. Fui muchas escritoras a lo largo de un camino en que diversos libros y ensayos fueron hitos o mudas de piel de serpiente. En la Escuela de Periodismo aprendí a escribir crónicas directas, aunque al primer profesor que tuve allí le molestara mi incapacidad para la prosa llana que a menudo se consideraba propia de la objetividad periodística, que ya en aquella época yo entendía como una voz masculina. Podía mantener a raya las opiniones si me esforzaba, pero no los adjetivos.

La serie de televisión *Dragnet*, que ya era vieja entonces, empezaba cada episodio con una voz de hombre duro que declamaba con tono monocorde: «La historia que están a punto de ver es verídica. Se han cambiado los nombres para proteger a los inocentes». Era como la prosa de Ernest Hemingway, culmen de la buena literatura según mi primer profesor de lengua de la universidad: lenguaje seco, sucinto y descarnado que expresaba masculinidad, con parcas palabras envueltas en silencio. Era una voz que controlaba multitud de cosas y callaba muchas, igual que ocurría con las poses irónicas apreciadas por mi familia. El tono que como periodistas debíamos emplear me parecía muy similar a aquel, aunque al menos se nos permitía reproducir palabras de personas que podían ser más expresivas y apasionadas.

Quería un lenguaje capaz de ser sencillo y claro cuando el tema lo requiriera. Sin embargo, a veces la claridad exige complejidad. Creo en lo irreductible, en la invocación y la evocación, y me gustan las frases menos parecidas a autopistas que a senderos serpenteantes, con algún que otro desvío por un paraje pintoresco o una pausa para contemplar las vistas, pues una senda puede atravesar terrenos abruptos y sinuosos por los que una carretera asfaltada no puede pasar. Sé que a veces lo que denominamos «digresión» sirve para recoger a pasajeros que se han caído del barco. Quería que la lengua inglesa fuera un instrumento que permitiera interpretar muchos estilos musicales. Quería una escritura fastuosa, sutil, evocadora, capaz de describir neblinas, estados de ánimo y esperanzas, y no solo hechos y objetos sólidos. Quería dibujar un mapa de cómo el mundo está conectado por modelos, intuiciones y similitudes. Quería buscar los modelos desaparecidos, los que existieron antes de que el mundo se quebrara, y encontrar los que podíamos construir con los fragmentos.

Algunos usos de los bordes

1

Está escrita a lápiz en una hoja alargada de papel de mala calidad, ahora amarillento, cuya mitad inferior tiene las rayas muy separadas entre sí, destinadas a quienes empiezan a escribir, y estoy bastante segura de que es mi primera redacción, de primero de primaria. La reproduzco entera: «Cuando sea mayor no me casaré». La ilustración de la mitad superior muestra a un hombre con una camisa roja y el pelo negro, que envuelve como una aureola su cabeza redonda, y a una mujer de cabello amarillo con una falda violeta de volantes. «Cásate conmigo», dice él en un bocadillo, y ella responde: «No, no».

Es cómico y terrible, un indicio de que observaba la vida de mi madre y pensaba que, hiciera yo lo que hiciese, intentaría no hacer lo mismo que ella, porque saltaba a la vista que se sentía atrapada e impotente en un matrimonio violento y desgraciado. Soy hija de una víctima y su victimario, de una historia que en su momento no podía contarse. La mayoría de los relatos convencionales para niñas y muchachas acababan en el matrimonio, en el que las mujeres se desvanecían. El final. ¿Y luego qué ocurría y quiénes eran ellas? El cuento *Barba Azul* trata de una mujer que, al desobedecer las órdenes de su marido y usar la llave prohibida para abrir la puerta de una cámara de tortura que contiene los cadáveres de sus predecesoras, descubre que está casada con un asesino en serie, cuya intención de matarla se ve espoleada por el conocimiento que ella ha adquirido. Es un cuento insólito en el que la mujer sobrevive y el hombre no.

Yo había rechazado el relato principal destinado a las mujeres y pronto me decantaría por tratar de encargarme de los relatos. Es decir, el mismo año que aprendí a leer y escribir, tras un breve período en el que quise ser bibliotecaria para pasar los días entre libros, me enteré de que los escribía alguien y decidí que deseaba dedicarme a eso. Tener un objetivo firme desde una edad temprana me simplificó el camino, aunque la tarea de escribir nunca es sencilla. Llegar a ser escritora formaliza la tarea a la que todo el mundo se enfrenta al construir una vida: adquirir conciencia de cuáles son los relatos dominantes y si a una le sirven o no, y cómo crear versiones en las que haya espacio para quién es una y lo que valora.

Sin embargo, cuando se trata de escribir, cada capítulo que se escribe está rodeado de los que no se han escrito, y cada confesión, de lo que sigue siendo secreto o indescifrable o continúa echado en el olvido, y solo podemos tamizar una parte del caos y de la mutabilidad de la experiencia para trasladarla a las páginas, sean cuales sean nuestras intenciones e incluso nuestros temas. No estamos esculpiendo mármol, sino recogiendo puñados de los restos de un naufragio que flotan en un río turbulento: podemos organizar los desechos, pero no escribir el río entero. Aunque falta una parte de las historias de quienes me precedieron, ahora entiendo que el daño profundo transmitido por mis abuelos formó a mis padres, y que las historias públicas determinaron nuestra vida privada en varios sentidos. He vivido lo suficiente para conocer a cinco generaciones de mi familia y observar que el peso de la historia vivida por las dos anteriores a la mía —hambre, genocidio, pobreza, las brutalidades de la emigración, la discriminación y la misoginia— aún tiene consecuencias dos generaciones después de mí. He escrito las necrológicas de mis padres en esta pequeña mesa de la mujer que no murió y vivió, en la tranquilidad que llegó después de que ellos fallecieran. No me interesan las brutalidades de la infancia en parte porque ya me he detenido bastante en ellas, mientras que no lo he hecho en las que vinieron después.

Los hilos no son en general una buena metáfora para aludir a lo que se ramifica, se bifurca y lleva en muchas direcciones, aunque quizá el hecho de que varias fibras se retuerzan para formar un hilo significa que seguirlo debería implicar desenredarlo o reconocer cada una de las hebras. Por ejemplo, después de que terminara los estudios en la escuela de posgrado, una modesta revista de arte me contrató como asistenta de redacción y enseguida pasé a ser secretaria de redacción, en teoría, porque en la práctica cumplía las funciones de jefa de redacción. Aprendí muchísimo, desde las normas de corrección hasta cómo dirigir a un personal mayor que yo y cómo preparar una publicación, y mucho sobre el arte contemporáneo, en especial el californiano. Escribí necrológicas, crónicas, críticas, artículos de fondo, unos cuantos reportajes de investigación e infinidad de rellenos, y con la propietaria de la revista corregía la docena de textos muy mal redactados que recibíamos los lunes hasta dejarlos listos para mandarlos a la imprenta los jueves por la tarde. En aquella oficina de solo mujeres situada en el centro de Oakland trabajé tres años y medio después de graduarme en Berkeley, y fue un remanso de paz y cotidianidad, un lugar donde, pese a que la revista no era una gran revista, aprendí grandes cosas.

Agradezco infinitamente que mi camino a la escritura se desviara por las artes visuales, un terreno con artistas que se planteaban preguntas que descendían a los mismísimos cimientos y se extendían en todas las direcciones. Arte podía ser casi cualquier cosa, lo cual significaba que era posible cuestionarse todas las premisas, explorar todos los problemas e intervenir en todas las situaciones, y acabé por entender que las artes visuales eran una especie de especulación filosófica por otros medios. Aprendí fijándome en la obra de algunos artistas, conversando con otros y colaborando con otros más, así como vagando por textos citados con frecuencia en el mundo del arte de aquella época, de filósofos y feministas franceses, de posmodernos, y por otros escritos densos en los que podían espigarse unas cuantas ideas útiles.

Dos años después de salir de la escuela de posgrado, cuando todavía trabajaba en la revista, asistí a una conferencia con diapositivas sobre paisajes y género de la fotógrafa Linda Connor, que había reunido un montón de imágenes graciosas de hombres orinando y dando el primer golpe a pelotas de golf desde sitios elevados. A partir de esas pruebas y de muchas otras muestras más serias de fotografía contemporánea postuló que los hombres fotografían el espacio y las mujeres, el lugar. Fue una conferencia divertida, implacable y perspicaz acerca de cómo representamos los lugares y cuál se supone que es el nuestro. No estoy segura de que en la actualidad haya alguien que comparta la clara delimitación de las categorías en que ella clasificó el mundo en aquel entonces, pero se me presentó como una persona que tenía la llave de una puerta que yo quería abrir y traspasar.

Me inventé un par de trabajos para escribir sobre ella y así aprender más. Linda me llevaba dieciséis años, se encontraba en la flor de la vida y tenía una magnífica aureola de pelo ondulado, un gran círculo de amistades, una casa llena de curiosidades y objetos que había recogido por todo el mundo, y no le importaba cocinar para cuarenta personas ni acarrear por desiertos y montañas su enorme cámara de fuelle, que sacaba negativos de veinte por veinticinco centímetros. Revelaba sus fotografías en blanco y negro con una técnica arcaica de ennegrecimiento directo utilizando un papel sensible a la luz (no demasiado sensible) que simplemente colocaba debajo de los negativos y dejaba varias horas al sol en el jardín trasero, en lo que parecía un acto tan doméstico como el de tender la colada.

Linda estaba viajando en coche y yo tenía una fecha límite para escribir sobre ella, de modo que le pregunté si podíamos hablar mientras se dirigía a Nuevo México. Fue una clase práctica sobre cómo viajar por carretera, y ella, una guía fabulosa de restaurantes, campings y moteles, de cuándo tomar un desvío y cuándo tirar millas. Una tarde de principios de agosto aparcó en la espléndida y vieja mole que es el hotel La Fonda, en el centro de Santa Fe, donde había quedado con dos artistas: Meridel Rubenstein —otra fotógrafa paisajista a la que yo conocía un poco— y su marido, el pintor Jerry West. Habíamos llegado allí como una flecha que surcara el aire dejando atrás muchas cosas para dar en esa diana que era una mesa en un espacio penumbroso del alveolado hotel, donde también estaba sentada Catherine Harris, ayudanta de Meridel. Pedimos margaritas y Meridel y Jerry me invitaron a alojarme en la casa que él había construido fuera de la ciudad, en la pradera, en un terreno que sus padres habían ocupado durante la Gran Depresión.

Empecé a hablar con Catherine, una joven artista morena y bella de hombros tostados con un mono blanco sin mangas. Intimamos, y durante años cada una fue quizá la mejor amiga de la otra, hasta que nos peleamos y estuvimos unos cuantos distanciadas; una noche soñé con ella y por la mañana me la encontré en la calle —se había mudado a San Francisco—, nos dimos el número de teléfono y continuamos por donde lo habíamos dejado. No soy una buena memorialista porque me resulta imposible reconstruir versiones convincentes de nuestras conversaciones, incluso de una muy larga que mantuvimos el verano pasado en su casa de Albuquerque, donde vive con su marido, sus dos retoños y varios perros.

Aquellas eran conversaciones analíticas, con confidencias, por lo general salpicadas de carcajadas; conversaciones en las que retomábamos los fragmentos de nuestra formación, las ideas, plantillas y casillas, y nos las probábamos para averiguar si se adaptaban a nuestras acuciantes necesidades personales. Recuerdo bien cuánto nos divertimos el día que rechazamos el ecofeminismo de la madre tierra de aquel momento señalando que nuestras madres —aprensivas, nerviosas, con repugnancia al cuerpo humano, sus olores y secreciones— no eran ni de lejos como la naturaleza. Y, lógicamente, en los primeros años hablábamos de los chicos tras los que íbamos, con los que nos habíamos liado o de los estábamos separándonos, pero ese tema se combinaba con libros, política, ideas, proyectos y planes.

Un par de días después de que nos conociéramos, mientras desayunábamos en el patio de la casa de Meridel y Jerry, Catherine me vio desenredarme el pelo mojado y me contó que dos días antes había asistido a las danzas del maíz de la tribu pueblo y había visto mujeres con melenas que les llegaban hasta el borde de los vestidos largos que llevaban. A continuación me habló de que había trabajado fotografiando al alumnado de una escuela indígena norteamericana y que una niña le había comentado que se había cortado sus largas trenzas. La historia acabó en un ensayo mío, porque, según le explicaron a Catherine, a la chiquilla «después le dio vergüenza volver a casa y, cuando acudió, su abuelo la reprendió amablemente diciéndole que su cabello contenía todos sus pensamientos y recuerdos».

Ya había publicado artículos periodísticos y reseñas, pero exploraba un tipo de literatura lírica y más íntima en que el ánimo que guiara las conexiones y la trayectoria fuera más intuitivo y asociativo que lineal o lógico. Los textos resultantes eran breves y densos, si bien aquel ensayo en concreto era una maraña de historias sobre el cabello y su poder. La anécdota de Catherine me proporcionó la conclusión. Luego me fotografió sentada y mirando hacia atrás, hacia ella, con mi larga melena suelta hasta la cintura y, de fondo, una de las paredes de adobe inacabadas de Jerry, con el hormigón recorrido por surcos irregulares para que el barro se adhiriera.

Mantuvimos correspondencia, al principio postal y más tarde electrónica, y emprendimos diversas aventuras: viajamos juntas en coche de Santa Fe a San Francisco y al revés, preparamos proyectos y nos animamos mutuamente cuando ella demostró su valía primero como artista y luego como arquitecta paisajista y yo seguí escribiendo. Y así fue como de la conferencia de Linda, a la que asistí por casualidad, salieron algunas ideas sobre el lugar y el paisaje, amistades, colaboraciones con esos cuatro artistas, una amistad entrañable con Catherine en particular y una anécdota acerca del cabello como depósito de recuerdos. Y un regreso a la región donde pasé los dos primeros años de vida, un sitio del que me enamoré de adulta por la sensación de tiempo remoto en la tierra y de cambio incesante en el cielo.

Nuestra vida no debería cartografiarse con líneas, sino con ramas que se bifurcaran una y otra vez. Meridel me presentó a personas que se convirtieron en amigas importantes de Nuevo México, adonde desde entonces he vuelto casi todos los veranos, y ese paisaje estival llegó a ser uno de mis mayores gozos. Jerry acrecentó mi conocimiento del lugar donde ha pasado más de ochenta años y que pinta con tanto cariño. Catherine vivió unos cuantos años en Nueva York, que visité por primera vez de adulta para alojarme en su casa (como joven crítica de arte, pensé que probablemente debía mudarme a la urbe para zambullirme más en el mundillo artístico o ascender en su escala profesional, y cuando mis textos empezaron a centrarse en sitios del oeste me alivió muchísimo librarme de ese destino).

Quizá una historia pueda contarse del mismo modo que los niños juegan a la rayuela: regresando al principio y avanzando un poco más en cada ocasión, lanzando el tejo a otro recuadro, recorriendo el mismo terreno en una búsqueda un tanto distinta cada vez. No puede contarse entera de un tirón, pero es posible cubrir el mismo terreno de formas diferentes o buscar una ruta que lo atraviese. En 1988 fui por primera vez al Campo de Pruebas de Nevada para unirme a las inmensas concentraciones de activistas antinucleares que mi hermano menor ayudaba a organizar. Sería una senda en la que me adentraría y que me permitiría conocer a gente extraordinaria y hallar otra ruta hacia los paisajes que anhelaba, hacia un mundo que se extendía más allá de San Francisco. Una senda, o una puerta.

En el desierto de Nevada me encontró un día el fotógrafo Richard Misrach, que caminaba con su enorme cámara de fuelle colgada con desgaire al hombro. Sus fotografías de gran formato a color de lugares de violencia y destrucción del Oeste norteamericano tuvieron un impacto importante en la época y fueron objeto de polémica entre quienes creyeron que glorificaba lo que no había que ensalzar, tal vez porque consideraban que solo lo bueno debe ser hermoso, mientras que a él le interesaban las tensiones de una belleza repugnante y las exigencias que nos impone cuando lo ético y lo sublime o bello están reñidos. Se convirtió en otro artista cuya obra me hizo pensar: sobre el conflicto entre belleza y moral, la invisibilidad y generalización de determinados tipos de violencia, los legados de la conquista del Oeste y lo que él denomina a menudo «no la representación de la política, sino la política de la representación». En la década de los noventa escribí el texto para un par de libros suyos.

El apoyo de esos artistas, con una obra, un rumbo y una identidad mucho más consolidados, me brindó la seguridad necesaria para pasar de considerarme crítica y periodista a tratar de ser escritora. O, para ser más precisa, me dijeron que lo era al decirme que querían trabajar conmigo y me recordaron que ese había sido mi objetivo original, al que había renunciado no sé por qué. La crítica y el periodismo me habían parecido formas menores de la literatura, en las que siempre se estaba al servicio del tema y se operaba con normas restrictivas. Que me consideraran escritora me liberó y me hizo sentir que cualquier cosa era posible y que todo era asequible.

Un día, un artista a quien conocía me comentó que Ann Hamilton estaba creando una instalación en un espacio industrial de la ciudad y que buscaba voluntarios que la ayudaran, así que fui caminando a Capp Street Project, que en el pasado había sido un taller de lavado de coches, en el distrito Mission. Ann acababa de adquirir una fama repentina por sus inmensas y ambiciosas instalaciones, que a menudo implicaban la acumulación de materiales y objetos pequeños, y que estaban animadas por personas que permanecían en ellas durante toda la exposición. Tenía solo cinco años más que yo y la formalidad y modestia propias del Medio Oeste, pero también una extraordinaria confianza en sí misma que se manifestaba en la escala de sus obras y en el esfuerzo que suponían, en una época en que muchas jóvenes creaban lo que parecían miniaturas.

Ann había canjeado buena parte del presupuesto de la instalación por monedas de un centavo porque albergaba sentimientos encontrados respecto a los espléndidos presupuestos que se asignaban a tales proyectos. Expondría las 750.000 monedas en que se convirtieron los 7.500 dólares y luego las arrancaría y las llevaría al banco para que las lavaran, contaran y cambiaran por dinero en efectivo que donar a un proyecto educativo. Entretanto cubría la mayor parte del suelo de cemento con un amplio rectángulo —de aproximadamente catorce por diez metros— de monedas de un centavo, una a una, sobre «una piel de miel». La miel era el adhesivo, pero también una referencia a otro sistema de circulación distinto del dinero y una manera de contraponer cómo las abejas atesoran sus esfuerzos y cómo lo hacemos los seres humanos. A Ann le había impresionado mucho un albañil de su infancia, y con el tiempo se había adentrado en las bellas artes a través de los tejidos. Le interesaba cómo la repetición de un pequeño gesto creaba algo grande, y por eso tres cuartos de un millón de gestos depositaron otras tantas monedas para formar una brillante piel de dinero.

En algún momento del proceso me arrodillé para colocar centavos y, al cabo de un rato, Ann acabó haciendo lo mismo a mi lado y empezamos a charlar. Los disponíamos sin ningún intento de crear un dibujo, pero, debido a las diferencias naturales de las largas líneas, el conjunto adquirió una textura como de olas o escamas de una piel de serpiente. Las monedas destellaban con la luz y del suelo se elevaba el olor de la miel. Ignoro qué había cambiado: a principios de los ochenta me había resultado casi imposible conectar con alguien y no había encontrado a mi gente ni las conversaciones con que soñaba, mientras que al final de la década sí pude hacerlo y lo hice.

La obra que Ann creó con la ayuda de muchas manos se titulaba *privación y excesos*, y en un extremo de la gran alfombra de dinero había una persona sentada y vestida con una camisa blanca que tenía en el regazo un sombrero de fieltro de ala ancha lleno de miel. La actuación consistía en hundir las manos en la miel y mirar a lo lejos..., en mantener un distanciamiento sereno hacia los espectadores. La inclusión de actores implicaba que el tiempo gramatical de la instalación era el presente de crear y hacer, no el pretérito de lo creado y hecho. Más tarde, en otras obras de Ann, los actores desharían algo, lo desenredarían o suprimirían, de modo que las instalaciones se descreaban además de crearse durante el tiempo que duraban.

Con el tiempo Ann me entregó algunos de los centavos canjeados de nuevo por moneda corriente para que escribiera un ensayo sobre la obra, pero antes me pidió que fuera una de las actrices. Al pensarlo ahora me parece mágico que me invitara a participar en una conversación en curso y, al mismo tiempo, a permanecer en silencio. Esta última tarea requería estar sentada tres horas en una silla de respaldo recto y mirando al frente, con la instrucción (por suerte) de hacer caso omiso de las preguntas de los visitantes sobre qué significaba la obra de arte. Detrás de la persona sentada había un redil con tres ovejas, cuyos ruidos y olor, al igual que el que despedían la miel y los centavos, formaban parte de lo que había que experimentar al aceptar la tarea.

De niñas nos prohíben pringarnos, jugar con la comida, ensuciar, por lo que hundir las manos hasta las muñecas en miel supuso una maravillosa transgresión, además de un placer sensual. Cuando era la primera actriz del día, la encontraba fría y un poco compacta, pero con el calor de las manos se calentaba y se licuaba. Es posible recoger la miel en el cuenco de las palmas, aunque goteará, pero nuestra misión en aquella obra de arte no era retenerla, sino permitir que se moviera, sacarla del sombrero y dejar que volviera a caer en él, mantenerla en movimiento mientras manteníamos quieto el resto del cuerpo y mirábamos al frente con expresión absorta.

Siendo inquieta, nerviosa e impaciente por naturaleza, creí que llevaría mal las tres horas de inmovilidad, pero descubrí que las indicaciones me protegían de mi idea de que debía mostrarme dispuesta a aportar información (y de hecho, la gente se acercaba a exigir explicaciones sobre la obra) y estar atareada y ser productiva todos los momentos de vigilia. Me di cuenta de que me indignaba con la persona que me sustituía cuando yo era la primera actriz de la jornada y con el miembro del personal de la galería que me mandaba echar el cierre cuando era la última.

Muchos años después, un día evoqué aquellas horas que pasé sentada inmóvil con las manos cubiertas de cálida miel como los instantes de mayor serenidad de mi juventud, unas horas de pura existencia dulce como la miel incrustada bajo mis uñas, un momento de ser excepcional entre el tráfago de hacer y llegar a ser.

2

Rayuela: retroceder un poco, volver a recorrer el mismo terreno. Mi padre había fallecido en los primeros días de 1987 mientras viajaba por el otro extremo del mundo, y con su muerte resultó bastante seguro relajarse un poco y abrir de par en par lo que había permanecido cerrado. Por fin experimentaba emociones en respuesta a acontecimientos de hacía mucho tiempo, como si fueran algo que hubiera quedado congelado en el hielo de aquella lóbrega época anterior, y porque por fin podía calificarlos de crueles e injustos según mis propios criterios. Ese mismo año, unos meses después, mi novio desde hacía tiempo se trasladó a Los Ángeles y el resto de mi familia me hizo la vida especialmente imposible. Vivía del seguro de desempleo del trabajo del que me habían despedido después de que dejara la revista de arte, de los ahorros, de las pequeñas sumas que recibía por las reseñas y artículos publicados en revistas locales y de algún trabajillo temporal de oficinista en empresas de la ciudad.

Llegué a la conclusión de que, cuando no tenemos nada que perder, somos libres y también de que quería ser libre para escribir una obra sobre la comunidad que había descubierto —y a muchos de cuyos integrantes había conocido— al preparar cuatro años antes la tesis de posgrado sobre Wallace Berman. Envié una propuesta a City Lights Books, que la aceptó a principios de 1988, y recibí mi primer anticipo por un libro, de mil quinientos dólares. Quería escribir libros desde poco después de pergeñar aquella redacción de primero de primaria contra el matrimonio, pues no había casi nada que amara más; los consideraba una especie de hechizo útil y, aparte de leerlos, la única manera de acercarse a ese hechizo era escribirlos. Deseaba trabajar con palabras y ver qué podían hacer. Deseaba reunir fragmentos y disponerlos en formas nuevas. Deseaba ser una ciudadana de pleno derecho de ese otro mundo etéreo. Deseaba vivir de los libros, en ellos y para ellos.

Fue un objetivo atractivo, o mejor dicho una inclinación, mientras estuvo lejos durante la infancia, la adolescencia y los años universitarios, pero cuando llegó la hora de llevarlo a la práctica...; en fin, la montaña es hermosa en la distancia y empinada cuando se está en ella. Convertirse en escritora da forma a algo esencial respecto a convertirse en ser humano: la tarea de discurrir qué historias contar, cómo contarlas y quién es una en relación con ellas, cuáles elige o cuáles la eligen a ella, qué desean las personas que la rodean, hasta qué punto escucharlas y hasta qué punto escuchar otras cosas que están más adentro y son más remotas. Pero también hay que escribir. Por aquel entonces ya había publicado muchos artículos y reseñas, pero un libro... era como pasar de construir cobertizos a erigir un palacio.

El primer libro empezó con aquella obra de arte que había visto un día de 1982 en una pared junto a las oficinas de administración del Museo de Arte Moderno de San Francisco. Era un collage cuadrado en blanco y negro de Wallace Berman, una cuadrícula de dieciséis imágenes de una mano con un transistor, cuatro a lo ancho y otras tantas a lo largo, la misma mano y la misma radio en cada una, pero con una imagen distinta en el lugar correspondiente al altavoz: cuerpos humanos, entre ellos un desnudo, un jugador de fútbol americano, una figura frágil que podía ser Gandhi, una oreja humana, un murciélago cabeza abajo, una aguja hipodérmica, una pistola y, en la fila inferior, dos veces la misma serpiente. Eran estampas en negativo, por lo que todo ofrecía un aspecto un tanto onírico, poco natural. Parecía como si cada una fuera un sonido traducido en imagen, como si cada una fuera un mensaje, una advertencia, proclamación o revelación. O una canción. Unas cuantas letras hebreas escritas en blanco sobre el fondo negro resaltaban que lo místico y lo esotérico podían coexistir con la cultura popular, que algunas de las antiguas líneas divisorias eran innecesarias o engañosas. La obra estaba hecha con uno de los primeros modelos de una fotocopiadora llamada Verifax y llevaba el título de *Serie Silencio n.º 10*.

Al igual que mi padre, Berman era hijo de inmigrantes judíos y se había criado en Los Ángeles. A diferencia de mi padre, era menudo, sutil y había decidido vivir al margen de la sociedad y el sistema económico, primero en el ambiente del swing y el jazz de Los Ángeles, luego entre místicos, inconformistas, artistas y rebeldes. Como había predicho, murió el día en que cumplía cincuenta años: un camionero ebrio embistió el vehículo deportivo de Berman cuando este circulaba por la estrecha y serpenteante carretera de uno de los cañones del límite de Los Ángeles para asistir a su fiesta de cumpleaños aquel atardecer de 1976. Después de que lo procesaran por obscenidad a raíz de su primera exposición, en 1957, prefirió no llamar la atención. El título original de mi libro era *Swinging in the Shadows*, tomado de una postal de Berman dirigida a la pintora Jay DeFeo en la que le contaba que pensaba ganar dinero para luego regresar a las sombras, pero mi editorial lo rechazó.

Para la tesis había reconstruido la vida de Berman a partir de los testimonios de las personas de su entorno, de lo que sus obras de arte en sí me decían, de los archivos e historias orales, de catálogos de exposiciones y viejas postales y cartas que la gente todavía tenía a mano. En el proceso me di cuenta de varias cosas, como de que en la década de los cincuenta había existido en California una vanguardia que las historias oficiales habían omitido, diversos cenáculos y comunidades relacionados con el cine, la poesía, las artes visuales, con tradiciones y prácticas esotéricas y espirituales distintas de las occidentales, y con sustancias psicoactivas. Una vanguardia que contribuyó al nacimiento de la contracultura de los sesenta, un reino de experimentación, rebeldía y reinvención. Sobre eso quería escribir un libro: no sobre un único artista, sino sobre una comunidad de artistas.

En aquel entonces se suponía que la historia cultural era algo lineal que se había desplegado en Europa y más tarde en Nueva York, y se despreciaba California como un lugar periférico, un sitio donde en teoría no habían ocurrido demasiadas cosas. Un día alguien comentó con sorna a una amiga mía que preparaba en Yale una tesis sobre la historia del oeste que «la población de California no lee libros», como si todos los poetas de las montañas, los estudiosos de las ciudades y los narradores indígenas de las noventa y nueve lenguas nativas de California, desde el desierto del sudeste hasta los bosques lluviosos del noroeste, quedaran reducidos a un bañista descerebrado que toma el sol en una playa tórrida. En 1941 Edmund Wilson escribió: «Todos los visitantes llegados del este conocen el extraño hechizo de irrealidad por el que la experiencia humana en la Costa [Oeste] parece tan hueca como la guarida de un trol, donde todo está a la vista en vez de ser subterráneo». En 1971 Hilton Kramer escribió en el *New York Times* que el Área de la Bahía de

San Francisco se caracterizaba por «la ausencia de cierta energía y curiosidad, de cierta complejidad e ímpetu indispensables», y acuñó la expresión «dadaísmo de rancho turístico» para aludir al estilo de un artista de la zona, pese a que tales ranchos eran sobre todo un fenómeno de la Región Intermontañosa del Oeste, que queda a cientos de kilómetros. Lo que se ve pequeño en la distancia carece de detalles, y en mi infancia y adolescencia California se veía (cuando se veía) a través de telescopios del este. Aquella época de desdén y rechazo aún no había llegado a su fin cuando yo era una joven escritora.

Mientras escribía el libro comprendí por qué agradecía que compartiéramos frontera con México, miráramos a Asia y nos encontráramos lejos de la influencia de Europa, que se suponía que reportaba legitimidad y que yo sospechaba que transmitía tendencias hacia lo convencional, y llegué a entender que numerosos escritores, desde Mark Twain hasta Susan Sontag, Seamus Heaney y Alexander Chee, acudieran aquí para liberarse de algo y regresaran cambiados allá de donde habían venido. Muchos años después, una estudiante que acababa de trasladarse de Nueva York (antes había estado en Bombay) al Área de la Bahía me manifestó su inquietud por no estar ya en el centro de las cosas, lo que daba a entender que los centros eran lo importante. Volví a casa y reflexioné sobre el valor de los márgenes.

Había escrito sobre ellos en mi obra acerca de la esperanza y el cambio social porque había observado que las ideas se desplazan de las sombras y periferias al centro, y lo mucho que el centro gusta de olvidar o pasar por alto esos orígenes..., o simplemente que quienes se hallan bajo los focos no pueden ver qué hay en las sombras. Además, en los márgenes la autoridad declina y las ortodoxias se debilitan. Mi primera formación acerca de cómo se produce ese proceso la recibí de Wallace Berman, que había optado a conciencia por vivir en diversos bordes —precariedad económica, subcultura—, a menudo en bordes reales, como casas encaramadas sobre pilotes en los desfiladeros de Los Ángeles y las marismas saladas del Área de la Bahía. Desde esos escenarios había influido a personas que se lanzaban a colocarse bajo los focos: poetas, artistas y actores como Dennis Hopper, Russ Tamblyn y Dean Stockwell. Su inclusión en el collage de la carátula del álbum de los Beatles *Sgt. Pepper's Lonely Hearts Club Band*, de 1967, es un indicio de su influjo, al igual que el pequeño papel de sembrador que representó en otra obra de arte icónica de la época, la película de Dennis Hopper *Easy Rider*, de 1969. (La revista impresa a mano de Berman se llamaba *Semina*, de la palabra latina que significa «simientes» y «semen», y él era un sembrador de simientes —es lo que hace literalmente en su cameo de *Easy Rider*—, pero también un cultivador de las diseminadas por otras personas.)

Ahondar en su vida y su entorno implicó entrevistar, primero para la tesis y más tarde para el libro, a personas a las que consideraba adultas, que me intimidaban por ser mucho mayores que yo. Pertenecían a la misma generación que mis padres, pero habían vivido como grandes aventureras, arriesgándose, sin buscar la estabilidad, y no se arrepentían. Aunque mis padres habían sido de clase media durante décadas, estaban tan dominados por el miedo a la pobreza propio de la época de la Depresión que llevaban una vida constreñida y cautelosa. Esos desmesurados coetáneos suyos me proporcionaron un buen modelo alternativo sobre cómo vivir. Cuando empecé el libro cuatro años después de graduarme, ignoraba que no volvería a tener un empleo. Trabajaría muchísimo, escribiría un montón de libros y aún más ensayos y artículos, haría activismo y daría clases, pero nunca volvería a ser una empleada con un sueldo y un jefe.

3

La Estrella Polar está tan lejos de la tierra que su luz tarda más de trescientos años en llegarnos, y la de la estrella más cercana tarda nada menos que cuatro. Un libro se parece un poco a una estrella pequeña en el sentido de que leemos aquello en lo que la autora estuvo apasionadamente inmersa hace mucho tiempo, a veces tan solo debido al tiempo que lleva escribir un libro, editarlo, imprimirlo y distribuirlo, y también porque, a causa del tiempo que requiere hacerlo, muchas veces constituye el residuo de intereses que existían antes de que se escribiera. A finales de la década de los ochenta, nuevos intereses empezaron a eclipsar los que había sentido antes; estaba enfrascada de un modo distinto en ideas sobre la naturaleza, el paisaje, el género y el Oeste norteamericano.

En mi primer libro revisé y acabé algo significativo que había descubierto años atrás. Me centré en seis artistas —tres del sudeste de California y los otros del Área de la Bahía— cuya vida, obra e ideas habían convergido en parte cuando en los años cincuenta se hicieron amigos y se convirtieron en colaboradores ocasionales: Jess (que renunció al apellido al abandonar la ciencia por el arte y por una vida como gay declarado en una época en que eso requería una audacia sobrehumana), Jay De-Feo, Bruce Conner, George Herms, Wally Hedrick y Berman.

Cada uno había decidido llevar una existencia discreta, descubrir qué significaba crear arte y cómo sería una vida llena de este, para luego crearlo y vivirla. Conner, Hedrick y DeFeo tuvieron la oportunidad de ir a Nueva York y convertirse en estrellas, y los tres la rechazaron.

El idealismo de esos artistas se vio favorecido por la prosperidad de la época y por su propia austeridad, por la fuga de la comunidad blanca de las ciudades, que dejó libres muchas viviendas baratas, y por salarios lo bastante altos para que las parejas vivieran razonablemente bien con los ingresos de un único empleo a tiempo parcial. En la década de los ochenta la libertad de ir y venir, de no pagar al casero durante unos meses y luego buscar otro lugar agradable donde residir, de entrar y salir del sistema económico parecía una extraña costumbre de un pueblo libre de la Antigüedad. Los artistas sobre los que escribí se habían movido en el borde de los círculos beat o habían pasado por ellos, y la historia que suele contarse sobre los beats como un grupo de escritores varones del Este se transformó en algo más amplio e interesante que abarcaba a esos artistas visuales, cineastas experimentales y poetas que formaron parte de otros movimientos, en particular lo que se denominó el Renacimiento de San Francisco, en el que participaron, entre otros, Robert Duncan —pareja de toda la vida de Jess—, Jack Spicer y Michael McClure, que se movió por muchos mundos.

De esos personajes aprendí que antes de crear arte hay que tener una cultura en la que crearlo, un contexto que le dé sentido y personas de las que aprender y a las que enseñar la obra. Mediante galerías de vida corta, revistas modestas, proyecciones de películas, recitales de poesía y amistades lograron que surgiera una cultura entre ellos..., entre ellos no porque fueran exclusivistas, sino porque se los excluía. Llegué a entender ciertos principios generales respecto a cómo evolucionan y cambian las culturas, y cómo las ideas migran de los márgenes al centro. Coincidieron con músicos de jazz, grupos de rock, traficantes de drogas, bandas de moteros, subculturas homosexuales, experimentos sociales, héroes contraculturales. Entre ellos existía la camaradería que en ocasiones observo en las ciudades pequeñas y las comunidades conservadoras, donde las personas excluidas se mantienen unidas porque las diferencias entre ellas son insignificantes frente a las que las separan de una cultura dominante hostil.

A menudo se describe la investigación como una tarea concienzuda y aburrida, pero quienes disfrutan con esa labor detectivesca experimentan la emoción de la caza: de buscar datos, de sacar cosas recónditas de su escondrijo, de hallar los pedazos que unidos forman un cuadro. Los fragmentos de que disponen son historias, hechos, manuscritos y cartas, viejos recortes de periódico, volúmenes encuadernados de revistas que nadie ha abierto desde hace años, algo que alguien cuenta en una entrevista y que no ha contado a nadie más de esa manera. En cuanto a mis primeros libros, me sorprendió haber dejado de lado ciertos temas sobre los que escribir que me parecían importantes, y consideré una ventaja estar en un lugar tan olvidado y rechazado.

Algunas de mis primeras aventuras investigadoras fueron cómicas. Cuando trabajaba en la tesis telefoneé una y otra vez al actor y director Dennis Hopper, que se encontraba en Nuevo México, con la esperanza de hablar de Berman con él, y siempre me respondió cordialmente que le encantaría charlar conmigo, tras lo cual me preguntaba si me importaría llamarle más tarde, hasta que, después de docenas de llamadas, las facturas del teléfono aumentaron de manera alarmante, por lo que desistí. No volví a intentarlo cuando convertí el proyecto en libro, aunque entonces él vivía en Los Ángeles, porque me había aterrorizado su actuación en la película *Blue Velvet*, pero su ayudante se mostró atento conmigo y me consiguió seis copias directas de los negativos originales —Hopper había sido un fotógrafo de gran talento en su juventud— para que las usara en el libro.

Y un bohemio que se quitó la dentadura postiza, y en cuya pequeña habitación pasé una hora muy agradable, me ofreció un relato farfullado y una fotocopia inédita de una carta que un amigo le había enviado sobre el recital de octubre de 1955 en la Six Gallery que llegó a ser famoso porque en él Allen Ginsberg leyó «Aullido» en público por primera vez. La espectacularidad de ese hito de un poeta eclipsó la poesía protoecologista que Michael McClure y Gary Snyder recitaron aquella noche. En general las crónicas contaban poco del lugar en sí, la galería, una cooperativa de artistas dirigida por Hedrick, que había sido además el instigador de la lectura de poemas. Fue un documento delicioso que me permitió saber cómo había vivido el acto uno de sus participantes antes de que se mitificaran el recital y los beats oficiales que intervinieron en él.

La mejor no ficción es un acto de recomponer el mundo, o de romper una pieza de él para averiguar qué se oculta bajo las suposiciones y los convencionalismos, y en ese sentido la creación y la destrucción pueden ser análogas. El proceso puede resultar fascinante, ya sea porque se encuentre un dato inesperado, ya sea porque se reconozcan las formas que empiezan a surgir a medida que van uniéndose los fragmentos. Se ve con claridad algo que no se conocía bien y el mundo adquiere un sentido distinto, o bien se destripa una suposición arraigada, y luego hay que tratar de ponerlo por escrito.

En cierto sentido, ese ha sido el trabajo principal de mi vida: la búsqueda de formas y la tarea de reconectar lo fracturado, con fracturas debidas muchas veces a categorías que rompen un tema, una historia o un significado en subcompartimentos desde los que es imposible ver el conjunto. Si bien existe una clase de conocimiento especializado que deriva de la atención a lo microscópico, a menudo busco las formas que se manifiestan en amplias zonas del espacio, del tiempo, de la cultura o de las categorías. El arte de distinguir constelaciones en el firmamento nocturno se ha presentado una y otra vez como metáfora de esa labor.

Hasta cierto punto ese fue el caso del tema de mi primer libro, una historia que en gran parte se había pasado por alto debido a la narración lineal de los anales del arte, del cine y de la literatura. Lo importante era la relación entre cine, poesía y artes visuales, entre drogas, filosofías esotéricas y no occidentales, disidencia política y cultura gay, entre los miembros de un grupo extravagante que podría calificarse de vanguardista de no haber sido también el catalizador de una contracultura. No existía mucha documentación sobre mis artistas aparte de las entrevistas de historia oral, y tampoco tenían demasiada visibilidad, aunque casi todos, en especial DeFeo y Conner, recibieron mucha más atención después.

Buena parte de las obras de esos artistas eran una especie de collage: de los seis principales del libro, Jess, Berman, George Herms y Bruce Conner fueron conocidos sobre todo por sus collages y montajes tridimensionales. Jay DeFeo, al igual que Wally Hedrick, era fundamentalmente pintora, y sus obras solían representar una potente forma solitaria, pero también se aventuró muchas veces en el ámbito del collage mezclando pintura, fotografía y materiales encontrados. Los collages crean algo nuevo sin ocultar los restos de lo antiguo, crean una nueva unidad a partir de pedazos sin hacer desaparecer el carácter fragmentario, surgen de una idea de creación que no consiste en crear algo de la nada, como Dios el primer día o los pintores y novelistas, sino en crear algo a partir de un mundo rebosante de imágenes, ideas, restos y ruinas, objetos, fragmentos y retazos.

El collage es un arte fronterizo, el arte de lo que ocurre cuando dos cosas se enfrentan o se vuelcan la una en la otra, de las conversaciones que surgen de la conjunción de lo distinto y de cómo las diferencias pueden fomentar una nueva unidad. Para esos artistas era además un arte pobre, un arte de materiales arrebatados de las casas victorianas que iban a derribarse en el barrio negro de la zona, de desechos obtenidos en tiendas de artículos de segunda mano, de recortes de revistas. Conner hizo incluso sus primeras películas con metraje encontrado porque no podía permitirse una cámara, y más tarde se adaptó a esta práctica recontextualizándola como el género que había elegido, o bien mezcló metrajes encontrados y nuevos para crear películas que ejercieron gran influencia por su ingenioso montaje y su ritmo.

La reconstrucción de esa imagen de mi parte del mundo tal como había existido no mucho antes de mi llegada fue un paraíso de ideas y de reconocimiento de formas, con mayor motivo quizá porque era la primera vez que lo hacía a tal escala. Ir conociendo el pasado de mi ciudad y mi región implicó que los lugares recorridos adquirieran nuevas capas de significado. Escribía sobre el mundo hasta el momento en que nací en él, y fue una labor fundamental para avanzar en ese mundo. Escribía una historia cultural que otorgaba a mi parte del mundo una trascendencia y unas posibilidades que hasta entonces no había visto. Estaba convirtiéndome en una experta en una materia, y eso también tenía sus recompensas.

Bucear en el pecio

1

Cuando escribí aquel libro, entrevisté a varios varones heterosexuales que creyeron que debía de ser una especie de *groupie*,
y demostrar un conocimiento profundo de su entorno fue una
manera de disipar esa idea: «No me hace ilusión conocerlo a
usted, sino reconstruir cómo cuajó aquello en 1957, y dispon-
go de casi todas las piezas, pero me gustaría formularle unas
cuantas preguntas». Recuerdo que uno me invitó a sentarme en
el sofá con él y que coloqué la grabadora entre los dos a modo
de minúscula barrera; que otro se animó con la expectativa de
que nos diéramos un revolcón, y años de acoso sexual de Bruce
Conner, a quien traté de mantener a raya en parte llamándolos
«tío Bruce» y «tía Jean» a él y a su esposa, una forma de recor-
darle, entre otras cosas, nuestra diferencia de edad. El comportamiento del artista animado parecía deberse a algo que yo conocía bien: la idea de que, como las jóvenes no son nadie, no
queda constancia de nada de lo que se haga con ellas, un hecho
con el que me desconcertó toparme cuando pretendía dejar
constancia de su vida y sus logros.

Como parte de mi investigación, pagué para que me pro-
yectaran varios cortometrajes en el Archivo Cinematográfico
del Pacífico y en el Canyon Cinema. No obstante, hubo uno
que no vi en su momento, pero sobre el que leí con frecuencia

en la bibliografía. Las obras de arte sobre las que solo hemos leído u oído hablar cobran su propia dimensión y a menudo adquieren una vida en nuestra imaginación antes de que las veamos de verdad. Mi película imaginaria de gozosa liberación decayó cuando por fin vi *Pull My Daisy*, dirigida por el pintor Alfred Leslie y el fotógrafo Robert Frank, y con voz en off de Jack Kerouac.

El cortometraje empieza con una mujer que abre unas contraventanas y se pone a recoger el desorden dejado por su marido: «Primera hora de la mañana en el universo. La esposa se levanta y abre las ventanas. Es pintora, y su marido, guardafrenos...». En ningún momento se dice su nombre, en ningún momento pinta, sino que es tan solo la esposa, la que da de desayunar al niño y lo manda al colegio, se ocupa de la casa y representa todo aquello de lo que los varones huyen o que evitan y sin duda desdeñan. Es como si no estuviera en el piso cuando Allen Ginsberg, Gregory Corso y Peter Orlovsky, amante del primero, irrumpen ataviados con abrigos y empiezan a beber y a divertirse. Los hombres van y vienen con copas y cigarrillos, entusiasmados con ellos mismos y con la idea de que son un encanto. En un momento determinado Ginsberg se revuelca en el suelo como un cachorro, otro abraza una botella de vino como si fuera un osito de peluche, y la voz en off de Kerouac dice: «Juguemos a los vaqueros», y hacen comentarios graciosos sobre qué clases de vaqueros son.

El nudo de la trama se desarrolla por la noche, cuando un obispo invitado por la esposa llega con su madre y su hermana. Es un joven con un llamativo traje blanco y nunca averiguaremos de qué es obispo, aunque está claro que representa la ortodoxia en todos los aspectos. La pandilla de poetas se muestran maleducados con él, convencidos de que su descortesía es otra señal de su liberación. Sin embargo, la pesada madre del obispo está encarnada por Alice Neel, pintora cuya obra —en su mayor parte retratos y desnudos— ya era audaz en los años treinta por su originalidad y carácter transgresor. La gruñona esposa del guardafrenos/marido diligente está interpretada por Delphine Seyrig, mujer de sobria belleza que se convertiría en una gran estrella del cine y más tarde en una voz importante del feminismo en Francia.

Así pues, dos grandes artistas mujeres, una en su apogeo y la otra en sus inicios, interpretan apéndices y doñanadies aburridas y sin nombre: una esposa, una madre. (El guardafrenos, Milo, cuyo nombre se repite muchas veces, está encarnado por el pintor Larry Rivers.) Cuando los poetas beat, a quienes se menciona por su nombre de verdad, interrumpen con una pieza de jazz a Neel, que está tocando el órgano, se supone que debemos entender que ella también representa el convencionalismo y que la improvisación de ellos es lo que mola. Luego todos los hombres —excepto el obispo, que ya se ha marchado con su familia— salen a la noche a jugar, y la esposa se queda en casa con los platos y el niño. Siempre había oído hablar de la película como un canto a la liberación, pero solo podemos interpretarla de ese modo si imaginamos que somos uno de los poetas, no una de las mujeres. Si somos una de estas, el cortometraje acaba de decirnos que no somos nadie, salvo una vampiresa, una zorra y una perdida.

¿Cómo crea un arte cuando el arte que la rodea no deja de decirle que cierre el pico y lave los platos? ¿Qué hace con los héroes culturales que han tenido efectos beneficiosos, aunque no para ella o la gente como ella, ya sea por maldad personal o por desprecio categórico? Los beats, o versiones codificadas de ellos, fueron figuras imponentes para mi generación. Mis años de formación estuvieron salpicados de hombres que querían ser Kerouac, que entendían esa tarea como la búsqueda de la libertad y que veían la libertad como la dispensa de toda obligación y todo compromiso, y, en lo relativo al arte, como la espontaneidad del flujo de la conciencia, el arte sin composición ni planificación. Fueron muchos, incluido el hombre guapo y dulce con el que en 1988 acudí a mi primera acción antinuclear en el Emplazamiento de Pruebas de Nevada, y un conocido de la universidad, un alumno arrogante con pocos recursos, al que unos años antes mi compañero de habitación gay y yo dimos alojamiento y que, tras zamparse el contenido de la nevera, garabateó críticas contra los dos en el diario que dejó abierto.

Me gustaban algunos aspectos del estilo de la prosa de Kerouac, pero no la política de género de los tres hombres a los que la gente solía referirse al hablar de los beats. En mi caso, esa política contaminó *En el camino* cuando era adolescente. Llegué hasta el encuentro del protagonista con Terry, «la mexicanita más graciosa», a la que más tarde describe como «una chiquilla mexicana tonta e ignorante» con una «sencilla y curiosa cabecita».* Luego el protagonista —más o menos un trasunto de Kerouac— se larga y la abandona. Como en el cortometraje, la mujer es un objeto inmóvil, y el hombre, un peregrino y un trotamundos heroico. Él es Ulises, y ella, Penélope, pero al menos Homero se interesó por la intrépida lucha de la mujer que se quedó en casa. Tuve la impresión de que yo nunca sería el protagonista libre como el viento, de que me parecía más a la joven latina de la granja californiana a la que

* Jack Kerouac, *En el camino*, traducción de Martín Lendínez, Barcelona, Anagrama, 1999. *(N. de la T.)*

dan de lado, y dejé la novela por la mitad. Ese libro tendría que seguir adelante sin gente como yo, y yo seguiría adelante sin él.

Años antes de que me interesaran los beats como tema había experimentado una sensación aún más intensa de supresión el día que se inauguró una muestra de fotografías de Ginsberg. De las paredes colgaban docenas de imágenes en blanco y negro con comentarios, retratos de sus amigos varones en diversos lugares, donde tenían aventuras, se tenían los unos a los otros, tenían el mundo a sus pies, y luego había un par de la madre y la hermana de Peter Orlovsky, ambas enfermas mentales, sentadas en el borde de una cama, tristes, abandonadas, desesperanzadas. Según recuerdo, eran las únicas mujeres de la exposición. Al igual que ocurría en *Pull My Daisy* y *En el camino*, eran objetos inmovilizados en un contexto en que se equiparaban libertad y movilidad.

Aquel día, cuando aún no tenía unas ideas feministas definidas, sino tan solo un torbellino de sentimientos incipientes de ira e insubordinación, me invadió una furia callada. Se apoderó de mí la intensa necesidad de reventar el acto; habría querido chillar y decir a voces que no estaba reventándolo porque una mujer no es nadie; decir que, como no existía, mis gritos tampoco existían y no podían ser censurables. Aquel día, en aquella sala, comprendí y me indignó mi inexistencia, lo que por lo demás quedó tan solo en una inquietante angustia interior. Sin embargo, permanecí callada; contribuir a la idea de las mujeres como personas cargantes, locas, iracundas, entrometidas e ineptas no serviría de mucho.

A menudo un fenómeno que parece revolucionario por alguna característica novedosa puede verse como deprimentemente convencional debido a otras que se destacaron menos en su momento. Los hombres consideraron que los beats más importantes abrían la posibilidad de ser gay o bisexual, de experimentar con drogas y con la conciencia, con filosofías y prácticas espirituales distintas de las occidentales, de tratar de encontrar en la literatura equivalentes blancos de los magníficos experimentos jazzísticos de los músicos negros de aquel tiempo, de hacer de la improvisación, la lengua coloquial y la cultura popular estadounidenses algo en verdad propio de la época y el lugar, no un acto de sometimiento a Europa disfrazado.

Por otra parte, la mayoría despreciaba a las mujeres, y en este aspecto pertenecían por completo a su época y su país, a la década de los cincuenta estadounidense con su odio a las mujeres, cuyas grandes figuras literarias de la cultura dominante recibieron hace unos años la denominación de Misóginos de Mediados de Siglo. Después de ver otra vez *Pull My Daisy* tuve que retomar el libro de 1960 de Leslie Fiedler titulado *Love and Death in the American Novel.* Según la interpretación de este autor, el canon norteamericano era la literatura masculina y, aunque menospreciaba a casi todos los hombres de los que hablaba, también despreciaba a las mujeres al no mencionarlas. Señalaba que el tema principal de *Huckleberry Finn, Moby Dick* y algunas novelas del Oeste de James Fenimore Cooper era el amor entre un hombre blanco y otro no blanco, y que esa literatura se dio en los grandes espacios abiertos de Norteamérica por donde los hombres vagaban a sus anchas y de los que las mujeres estaban ausentes. «Como libros de chicos que son, cabría esperar que ofrecieran tímidamente, de manera inocente, por decirlo así, un casto amor masculino como la experiencia sentimental suprema..., y así es, y de forma espectacular.» Un poco menos casto en el caso de los beats, pero no menos propio de chicos.

Y sobre las mujeres de esas obras comenta más adelante: «Únicamente en la muerte pueden unirse en un abrazo tan puro como el de los varones. ¡La única mujer buena es una mujer muerta!». No grité aquel día, pero una noche de febrero, cuando tenía veintipocos años, me vengué de otro miembro de la santísima trinidad de los beats. Yo acababa de empezar a publicar, de modo que debía de ser a principios de 1984, y mi directora en una modesta revista cultural y musical me comentó que Survival Research Lab, un trío de hombres de espectáculos punk que creaban lúgubres máquinas amenazadoras que avanzaban, giraban, se lanzaban hacia el público y se autodestruían entre llamas y explosiones, ofrecería una fiesta de cumpleaños a William Burroughs. Luego me contó (aunque ignoro si es cierto) que una artista famosa se había cortado el pelo y había adoptado un aspecto andrógino para poder trabajar con él y que todos los asistentes irían vestidos —como en casi todas las fiestas punk de la época— de tipos duros, con vaqueros oscuros y cazadoras de cuero, y que las mujeres no realzarían su género y que todo el mundo adoptaría una actitud de persona ruda y angustiada.

Aquella primavera me había impresionado mucho el mordaz ensayo sobre Burroughs que Luc Sante había publicado en el *New York Review of Books*. Citaba unas declaraciones que Burroughs había hecho en una entrevista: «En palabras de uno de los grandes misóginos, el señor Jones a secas de *Victoria*, de Conrad: "Las mujeres son un verdadero azote". Creo que fueron un error de base, y todo el universo dualista se desarrolló a partir de esa equivocación». Sante escribió: «Asocia a las mujeres con los aspectos más represivos de la cultura occidental y no las necesita en lo sexual; como queda demostrado, son innecesarias y un estorbo. En cuanto se solucione el peliagudo problema de la reproducción, desaparecerán con solo que él lo desee». Por otra parte, el 6 de septiembre de 1951 Burroughs había matado a Joan Vollmer, su esposa, y, pese a que existen versiones contradictorias de cómo y por qué le pidió que se pusiera un vaso sobre la cabeza para que él «hiciera de Guillermo Tell», está claro que le apuntó con la pistola y le disparó en la frente, y ella murió.

No conocía a nadie más enamorado de Burroughs que un muchacho con el que pasaba algunos ratos cuando era una veinteañera, el mejor amigo del hermano menor de mi novio, y eso que conocía a mucha gente que reverenciaba al escritor en aquella época en que se le consideraba uno de los creadores de la cultura punk. El joven era gay, había roto amarras con su familia, que era de Texas, e intentaba encontrar su camino. Era un músico con talento, pero también partidario del trastorno de los sentidos a través de las drogas como un camino directo hacia el genio artístico. La noción del trastorno había surgido de Arthur Rimbaud un siglo antes y había evolucionado hacia otro elemento integrante de la contracultura: la idea de que se llega al yo creativo colocándose, de que detrás de las inhibiciones se oculta un genio y que solo hay que liberarlo para que haga lo suyo sin planificación, disciplina ni estructura.

Parte de la gente joven de mi entorno consideraba a Burroughs un ejemplo de todo eso, y el escritor había pasado mucho tiempo consumiendo drogas a porrillo, protegido por la ayuda económica de su familia y por una constitución al parecer de hierro. El muchacho al que yo conocía no tenía ni lo uno ni lo otro. Recuerdo con cariño una noche con él en la que, presa de alucinaciones, empuñaba rotuladores de colores con la intención de dibujar en una hoja de papel (y en carátulas de discos) y garabateaba directamente en el suelo de mi apartamento. Y con tristeza lo recuerdo cada vez más adicto a la metanfetamina y luego convertido en un indigente que caminaba descalzo por Market Street, con unos vaqueros sucios, y que no me reconocía. Un bondadoso hombre mayor cuidó de él durante una temporada, y más tarde me enteré de que se había tirado del Golden Gate: un joven dulce y con talento, que murió de muchas cosas, entre ellas la mitología imperante.

Mi directora y yo acudimos con vestidos de gasa a la fiesta que se celebraba en la nave industrial que Survival Research Labs tenía debajo del paso elevado de una autopista. Ella, rolliza y con una larga melena rubia, lucía una prenda bonita y vaporosa muy escotada; yo llevaba puesto lo que me parecía un disfraz de bailarina muerta. Debía de ser un vestido de niña que durante años se habría apolillado en un sótano antes de que lo encontrara en una tienda de artículos de segunda mano. Tenía un corpiño minúsculo con listas de encaje amarillento, sin tirantes, aunque improvisé uno con una de las tiras de encaje medio rotas, y una falda de vuelo hasta la pantorrilla confeccionada con pétalos de gasa que caían en punta.

Muchas veces me he dado cuenta de que quiero estar a la altura de mi atuendo, y una vestimenta festiva genera un espíritu festivo, y por ese motivo mi directora y yo reíamos a carcajadas, flirteábamos, entrelazábamos los brazos y los agitábamos, exhalábamos perfume, prodigábamos sonrisas de carmín y mirábamos alrededor sin disimulo con los ojos pintados entre personas que se mostraban tan inexpresivas que parecían haberse vuelto de piedra. El hombre que acompañaba a Burroughs hacía fotos y quiso fotografiarnos con el invitado de honor, de modo que a instancias suyas la directora y yo nos colocamos cada una a un lado del escritor, que se encogió en su ya marchita persona presa de lo que pareció terror. Siempre he dicho que en aquel momento tenía el aspecto de una babosa entre dos saleros. Fue de lo más satisfactorio. Luego mi directora y yo seguimos a lo nuestro.

2

Escribir es un arte; publicar, un negocio, y al empezar mi primer libro me embarqué en diversas aventuras con editoriales tanto pequeñas como grandes. Escribir era estar a solas en una habitación con ideas, fuentes de información y la lengua inglesa, lo que en general iba bien. Publicar era negociar con organizaciones que siempre tenían más gente y más poder y que unas veces actuaban como mis defensores y colaboradores, y otras como mis adversarios.

Una noche de invierno de no hace mucho, mi amiga Tina y yo fuimos a ver *Los archivos del Pentágono* en un cine pequeño del oeste de San Francisco, donde el cielo es más oscuro, el viento más fuerte y todo parece un poco más onírico. La película narra dos historias entrelazadas: la decisión del *Washington Post* de informar sobre los Papeles del Pentágono, los documentos filtrados por Daniel Ellsberg que evidenciaban que la guerra de Vietnam se había basado en una mentira, y cómo Katharine Graham, que acababa de ocupar la dirección del periódico tras la muerte de su marido, tomaba al mismo tiempo las riendas del negocio y de sí misma y apartaba de su lado a los hombres que la trataban con actitud paternalista, a la vez que disipaba su propia inseguridad respecto a sus aptitudes para asumir el poder y adoptar decisiones con consecuencias que cambiarían el mundo.

Disfrutamos del trayecto en coche, del frío aire nocturno y, antes de eso, de las palomitas, los adornos republicanos de la época y el vestuario de la señora Graham cinematográfica, así como de las escenas de las rotativas en funcionamiento. Cuando salimos a la negrísima noche, no sé por qué empecé a hablar de mis primeras luchas en el mundo editorial. Hacía mucho tiempo que no recordaba lo amargos que habían sido mis primeros esfuerzos, modestos como fueron, por sacar libros a la luz o, mejor dicho, el fervor con que los hombres habían pretendido impedir que yo publicara. Tuve suerte. Superé los obstáculos que levantaron, pero supongo que otras personas no lo consiguieron. Y ahora me doy cuenta de lo blanco que era y es el mundo editorial y de que, aunque se me cerraron algunas puertas a causa de mi género, otras permanecieron abiertas debido a mi raza.

Algunos daños fueron en cierto modo divertidos. Un día un corrector cambió al azar cosas del original de mi primer libro, con lo que la artista francesa Niki de Saint Phalle se convirtió en Niki de Saint Paul, «icónico» en «irónico» y 1957 en 1967. Ignoro el motivo de ese sabotaje arbitrario, pero cuando me opuse a él me trataron como si debiera tomarme con filosofía los errores aleatorios introducidos en el original. Recuerdo que otro corrector me escribió una nota mordaz sobre el final abierto de la obra; el hombre había perdido el último capítulo, pero no se le ocurrió pensar que el error era suyo. El proceso de producción del libro se alargó un año más debido a mi inexperiencia e incapacidad para defenderme por mí misma de manera eficaz contra intervenciones insólitas como esa.

Y luego estaba Lawrence Ferlinghetti, la figura insigne de aquella editorial. Hace más de tres décadas que firmé un contrato de publicación con City Lights Booksellers & Publishers, y durante los primeros años acudí a menudo a las oficinas de la editorial, situadas al fondo de la última planta de la librería, a la que he vuelto muchas veces para curiosear y como amiga de algunos miembros del personal, y de vez en cuando para leer textos en algún acto. A lo largo de esas décadas Lawrence Ferlinghetti, que estaba con frecuencia por allí, no me dirigió jamás la palabra, ni siquiera en circunstancias en que habría sido normal hacerlo. Nunca supe si no quería o no podía hablar conmigo. A veces pensaba que quizá tuviera una especie de diagrama de Venn en el que los historiadores o autores de City Lights formaban un grupo que no intersecaba con jóvenes rubias, por lo que rotundamente yo no existía.

Una vez, cuando llevaba más de dos años trabajando con City Lights, Ferlinghetti acudió con el director del departamento de redacción a una fiesta que yo había ayudado a organizar para presentar la guía del activista que había escrito mi amigo Brad Erickson. Al cabo de una semana Brad y yo nos encontramos en City Lights y Ferlinghetti bajó por la pequeña escalera que hay al lado de la entrada de la famosa librería, nos miró a los dos —a él, con el que había coincidido unos minutos, y a mí, a quien publicaba y con quien se había cruzado docenas de veces en los últimos años— y nos dijo: «Hola, Brad». Yo no tenía especial interés en ser su colega, pero lo normal es que tu editor te salude. Ahora que lo pienso, ese curioso episodio me induce a creer que la necesidad de proclamar a gritos mi inexistencia años antes, en la exposición fotográfica de Allen Ginsberg, tenía una base.

Otros fueron menos divertidos. Hablando con Tina en el aire invernal me acordé, por primera vez desde hacía años, de que otro anciano poderoso había intentado destruir por completo mi primer libro. John Coplans, cofundador de *Artforum*, la más audaz de las principales revistas de arte estadounidenses cuando nació en San Francisco en 1962, había escrito para la publicación sobre los artistas del Área de la Bahía. En los años ochenta cosechó cierto éxito como fotógrafo. Su tema era su cuerpo desnudo, envejecido, peludo y flácido, mostrado en primeros planos en blanco y negro como una especie de monolito que ocupaba toda la imagen.

Cuando en 1991 salió a la luz mi libro, Coplans mandó a un abogado que escribiera una carta a City Lights acusándome de difamación. Wally Hedrick, una de las seis figuras principales de aquel primer libro, había pintado banderas estadounidenses a partir de 1953 y, de un modo u otro, había perdido o destruido todos los cuadros que podrían haber alcanzado una posición secundaria como hitos del arte norteamericano, ya que el pintor neoyorquino Jasper Johns era famoso por haber empezado a pintar banderas estadounidenses poco después. (Pintó muchas en negro para protestar contra la guerra de Vietnam.) En mi libro escribí que uno de los cuadros de Hedrick «sobrevivió hasta 1963, cuando (según Hedrick), en una retrospectiva de diez años de su obra, el crítico de arte John Coplans lo pidió prestado y luego no lo devolvió. Quería llevárselo a una mujer interesada en comprarlo, y desde entonces nadie ha vuelto a verlo».

Coplans afirmaba que no solo le presentaba como un ladrón, sino que además él no había llegado a conocer a Hedrick. Por lo que recuerdo, la carta del abogado indicaba que si destruíamos todos los ejemplares no emprenderían más acciones. El deseo de aniquilar como si nada los años de trabajo y el momento de logro que representaba un primer libro fue apabullante. No sirvió de gran ayuda el hecho de que, por lo que sé, el editor que recibió la carta juzgara muy posible que yo hubiera cometido ese grave error con los datos. Al parecer en aquella época rara vez se me consideraba competente y creíble, ya fuera con respecto a una interacción personal o a la historia.

Acostumbro acumular pruebas que me respalden, y eso hice entonces: me dirigí a la biblioteca del Museo de Arte Moderno de San Francisco y fotocopié un montón de documentos sobre las conversaciones publicadas entre ambos hombres y sus colaboraciones en el pasado. Creo que mi editor se los remitió al abogado. No se destruyeron todos los ejemplares de mi libro, que sin embargo tuvo una vida muy discreta y en la actualidad está descatalogado. Una de las dos críticas que recibió atribuía su autoría al poeta y crítico Bill Berkson, que había escrito un amable prólogo que comenzaba con una cita de Mina Loy: «La tragedia corriente es sufrir sin haber aparecido».

En 2008 escribí un ensayo titulado «Los hombres me explican cosas», que contiene la siguiente frase: «La credibilidad es una herramienta básica de supervivencia». En cierto sentido la credibilidad es asimismo mi profesión, o al menos parte del equipamiento necesario de cualquiera que escriba no ficción. Al principio tuve que luchar por ella. Es decir, tuve que luchar para convencer a otros, tanto en la vida personal como en la profesional, de que me reconocieran la capacidad de percibir hechos con un grado razonable de exactitud, y la reiteración de esta experiencia me causó inseguridad, por lo que la lucha no fue únicamente contra los otros.

No siempre es posible afirmar que un determinado fenómeno meteorológico se deba al cambio climático, pero es evidente que este configura las tendencias, y otro tanto cabe decir de la discriminación: un hecho concreto puede o no deberse a la actitud de alguien ante personas incluidas en nuestra misma categoría, pero el efecto acumulado invita a pensar en una pauta. Al volver la vista atrás, me da la impresión de que si no hubiera vivido en una cultura en que las amenazas hacia mí y la violencia contra las mujeres de mi entorno eran reales y persistentes, y si el desdén de aquellos escritores tan idolatrados en mi juventud no hubiera sido tan feroz, los actos contra mí podrían haber parecido una sucesión de desafortunados incidentes aislados.

Mi segundo libro fue muy distinto y tuvo un inicio prometedor: un lunes de 1991 envié una propuesta a Sierra Club Books, el martes me llamó un editor y el miércoles me entrevisté con él. El contrato de publicación llegó poco después. Vendí mi abollado Datsun B210 y gasté parte de los doce mil dólares del anticipo en una pick-up con capota dura en la caja para proseguir mejor con mi investigación por el Oeste. Mi vida había cambiado mientras escribía *Secret Exhibition*, y si ese primer libro sentó las bases para que comprendiera la historia local inmediatamente anterior a mi época, el segundo sería una indagación más amplia y profunda en el Oeste norteamericano, sus mitos, guerras, puntos ciegos, prodigios, delincuentes y heroínas.

Savage Dreams: A Journey into the Hidden Wars of the American West abordaba cómo la invisibilidad permite la atrocidad. El conflicto central de la primera mitad de la obra se desarrollaba en el Emplazamiento de Pruebas de Nevada, donde las guerras nucleares, consideradas en general algo terrible que podría suceder algún día, se produjeron entre 1951 y 1991 con la explosión de una bomba nuclear al mes, más de mil en total, lo cual tuvo un impacto nefasto en el medio ambiente de la zona y en los seres humanos que vivían en la dirección del viento. La segunda mitad giraba en torno al Parque Nacional de Yosemite, donde las guerras indias, que por lo común se consideraban algo negativo acaecido hacía mucho tiempo, se libraban por otros medios contra la población indígena, que, contrariamente a lo que creía la mayoría, no había desaparecido, no se había volatilizado, no había llegado al final del camino, no había partido hacia el sol poniente, no había sido la última de su especie. La población nativa se había invisibilizado por medio de las representaciones o, mejor dicho, de la no representación: en los rótulos, en el más conocido de sus dos museos, en las prácticas de gestión de la tierra y en la descripción de Yosemite por organizaciones y artistas ecologistas como un espacio natural deshabitado recién descubierto por la población blanca y un lugar al que la gente solo pertenecía como visitantes.

O sea, argumentaba que las guerras del futuro y las del pasado se superponían en el presente y que en gran medida no se reconocían debido a nuestra concepción de realidades como la guerra, el Oeste, la naturaleza, la cultura y la población indígena. Me beneficié de una revolución de ideas sobre esos temas que se había puesto en marcha. La población indígena proclamaba que no se había ido, que no había renunciado a sus derechos ni olvidado su historia, y que la tierra tenía una historia, una historia de culturas que no estaban separadas de la naturaleza ni la destruían. Fue un descubrimiento revolucionario para personas no indígenas como yo, una recuperación después de lo que en ocasiones se ha denominado «aniquilación simbólica», expresión con que se alude a la no representación de un grupo —un género, una identidad étnica, una orientación— en la cultura popular o en las artes y en las versiones oficiales de su sociedad o región. Entre otras cosas, invalidaba la nítida dicotomía naturaleza/cultura usada de forma tan generalizada en aquel entonces para organizar las ideas.

Mi editor me alentó. Sin embargo, una vez acabado el original, en 1993, lo sometió a la revisión de dos especialistas que habían escrito crónicas históricas del Oeste. Uno era Evan S.

Connell, cuya historia de Custer y la batalla de Little Bighorn era tan experimental que creí que su reacción sería positiva, pero por lo visto mi libro le pareció incoherente y ofensivo, lo cual fue decepcionante pero aceptable como opinión. Al otro individuo, que había escrito una obra sobre un parque nacional, le molestaron mis ideas sobre Yosemite, pues se empeñó en interpretar los puntos ciegos culturales descritos en la obra como conspiraciones deliberadas cuya existencia él negaba. El libro llevaba como epígrafe una frase impresionante de James Baldwin: «Es la inocencia lo que constituye el crimen», lo cual significa que detrás de la brutalidad no hay astucia, sino ignorancia, sea premeditada o no. En una larga carta indignada me acusaba, entre otras cosas, de «falta de honradez intelectual» y de tener una intención oculta, y escribía: «Me he tomado la libertad de enviar copia de mis comentarios a algunos colegas respetados, entre ellos funcionarios del parque de Yosemite».

Le respondí por carta que no ocultaba mi intención y que había «hablado hoy del tema con mi exprofesor Ben Bagdikian, que ha condenado la acción por juzgarla incorrecta. Bagdikian, exdefensor del lector del *Washington Post*, en la actualidad profesor de periodismo en la Universidad de California en Berkeley y una autoridad nacional en materia de ética periodística, ha dicho que, si bien es habitual que los textos académicos inéditos circulen en los ambientes académicos para su revisión, las circunstancias en este caso son distintas: usted no ha enviado su ataque a mi libro a autoridades imparciales, sino a partes implicadas que da la casualidad de que son además funcionarios del Gobierno, lo que compromete de forma inaudita la independencia periodística en una obra que aborda temas sociales y políticos. Un probable efecto de ese acto es presionar a los editores para que rechacen su publicación». Involucrar a un hombre poderoso fue —del mismo modo que lanzar en una disputa información publicada— un movimiento ajedrecístico para compensar mi falta de credibilidad en el conflicto o la sensación de que no la tenía. Le señalé a mi editor que, al enfurecerse por mis pecados de interpretación —y solo por esos pecados—, por lo visto el lector en cuestión no había detectado errores fácticos dignos de mencionar.

La credibilidad es una herramienta básica de supervivencia. El libro pasó por el proceso editorial habitual y se publicó en el otoño de 1994. Como en parte trataba de las armas nucleares y de las campañas contra ellas, y como mi hermano menor era un activista antinuclear y una persona bondadosa con ganas de apoyarme, me ayudó a organizar una gira de conferencias y entrevistas por el Oeste norteamericano usando sus redes de contactos para buscarme espacios en universidades, emisoras de radio y grupos de activistas, y me acompañó en el viaje de más de once mil kilómetros en mi camioneta Chevrolet. Por el camino nos alojamos en casa de amigos y conocidos, suyos casi todos. En Dallas, nuestro anfitrión nos preguntó cortésmente cómo habíamos llegado hasta allí desde San Francisco, y me alegró poder contestarle: «Pasando por Seattle».

Sierra Club Books me asignó un publicista de la editorial, un rubio alto que se comportó de un modo cada vez más raro cuando intenté trabajar con él. Me resultaba imposible contactar con él por teléfono y conseguir que me devolviera las llamadas, pero me escribió un correo electrónico para informarme de que me había programado charlas en librerías del oeste como parte de la fabulosa gira y me indicó fechas que se ajustaban al calendario. En la editorial no me habían hecho caso cuando me había quejado de él y, una vez más, me dio la impresión de que me consideraban demasiado nerviosa y de que creían que mis preocupaciones carecían de fundamento. Cuando ya estábamos en la carretera, empecé a recelar y busqué un teléfono público para llamar a la primera librería donde me había concertado una charla. Descubrí que no se había puesto en contacto con ellos. Hice más llamadas.

Era un mentiroso. No existía ninguno de los actos que aseguraba haberme programado. Cuando concedí entrevistas radiofónicas, resultó que quienes las realizaban no habían recibido los ejemplares que yo le había pedido que les mandara, por lo que no tenían ni idea acerca de qué debíamos hablar. Aquel individuo había decidido enterrar de una forma u otra mi libro, que pasó más inadvertido de lo que, de lo contrario, habría pasado, y la gira estuvo llena de huecos y espacios muertos que podríamos haber ocupado si hubiéramos sabido lo que hacía aquel hombre. Me parecía que *Savage Dreams* era una obra importante, o que al menos trataba de contemplar de maneras distintas asuntos urgentes e importantes. (Le puse ese título, del que me arrepiento, por un monstruo carismático llamado James Savage, que inició las guerras genocidas en la región de Yosemite para sacar provecho de la fiebre del oro.)

Si alguien me hubiese escuchado cuando empecé a verbalizar mi desconfianza, la mala intención o la ineptitud de aquel hombre no habrían tenido semejante impacto. En aquellos primeros años en el mundo editorial escribía sobre historia y, como suele ocurrirles a las jóvenes, no me consideraban demasiado capacitada para dar cuenta siquiera de las interacciones cotidianas. Hacía lecturas en público y era incapaz de conseguir que mis editores me escucharan. Aquella noche con Tina después de ver la película, cuando le hablé de Coplans y demás, por primera vez me percaté de hasta qué punto todo aquello parecía una versión refinada e incorpórea de la rabia aniquiladora con que me había topado en las calles años antes. Esos incidentes parecían destinados a informarme de que ese no era mi lugar y de que mi voz no se escucharía.

Ahora me considero afortunada de haber pasado por todo eso antes de la llegada de internet, y no digamos de los medios sociales. Sabemos que la mala intención se reparte en ellos por género y raza, y que se dedica gran cantidad de trabajo digital colectivo a acallar y expulsar a las personas que no son blancas ni varones ni heterosexuales ni cisgénero. Si no se las silencia por completo, pagan un precio por tener voz y realizan un esfuerzo adicional para salvar los obstáculos que mantienen las desigualdades. Alguna que otra vez, al ver a gente que trataba de fomentar campañas de odio contra mí en los medios sociales, he pensado que, si hubieran intentado hacerlo al principio de mi vida editorial en vez de décadas después, sus afanes habrían tenido un impacto más difícil de pasar por alto (aunque quizá hubiera podido publicar en las redes una entrada sobre mis curiosos encontronazos con hombres en el mundo editorial y hubiera recibido muestras de solidaridad).

En general sabemos de personas que vencen dificultades o derriban barreras, lo que a menudo se esgrime para señalar que las dificultades o las barreras no eran tan insuperables o que lo que no te mata te hace más fuerte. No todo el mundo sale indemne, y lo que trata de matarnos nos roba mucha energía que podría emplearse mejor en otro sitio, nos agota y nos angustia. El proceso de escribir y publicar obras de no ficción me convenció de mi credibilidad y de mi capacidad de determinar qué era verdad más que ninguna otra cosa, gracias a lo cual a veces he sido capaz de defenderme a mí misma o de defender a otras personas.

3

Muchas veces, cuando una mujer dice que a otras mujeres o a ella misma les han pasado cosas malas y que los autores de esos actos eran hombres, las acusan de odiar a los hombres, como si la realidad de esos acontecimientos no fuera relevante en sí y ellas tuvieran la obligación de mostrarse alegres en cualquier circunstancia, o como si el hecho de que no todos los hombres sean horribles pesara más que la realidad de que algunos lo son en aspectos que las han afectado. A menudo lo que dice una mujer se valora por la clase de mujer en que eso la convierte o por si sigue complaciendo a los demás, y no por el contenido fáctico de sus palabras.

De mi vida de veinteañera formaron parte un novio maravilloso que estuvo conmigo desde que cumplí los veintiuno hasta casi el final de la veintena, y mi hermano menor, que me atrajo hacia su activismo y apoyó mi trabajo, cada vez más entrelazado con su labor activista. Y hombres homosexuales, no solo como amigos, sino también como una gigantesca fuerza cultural de la ciudad en que yo vivía y como modelos de qué otras cosas podía significar ser varón. Y qué podía significar ser humano.

Cuando Jay DeFeo padecía el cáncer de pulmón que acabaría con su vida a finales de 1989, todos los días llamaba a Ed Gilbert, según me contó este años después.

«Ed, ¿qué llevas puesto?», le preguntaba. Recuerdo que él reproducía la voz de Jay DeFeo como un sonido suave y etéreo que flotara por el aire igual que el humo de los cigarrillos que la artista fumaba, o que los penachos de los objetos que dibujaba con líneas sinuosas en carboncillo. Ed, director de una de las principales galerías de arte de San Francisco, la Paule Anglim, ahora Anglim Gilbert, describía el esplendor indumentario de ese día, tras lo cual ella decía «Gracias. Me siento mucho mejor» y colgaba. Mantuvieron esa conversación una y otra vez, casi a diario, mientras DeFeo se apagaba, y siempre parecía disfrutar con ella.

Ed tenía la piel dorada y el pelo cortado al rape, y su magnífica figura me recordaba las brillantes y poderosas estatuillas de los Oscar. Poseía un vestuario amplio, repleto de conjuntos elegantes de modestos diseñadores locales, y algunos de diseñadores importantes, y de selectas prendas vintage, declaraciones ingeniosas, irónicas y a veces glamurosas en múltiples colores, con zapatos a juego. Contemplando el prodigio que era Ed vestido, me percaté de que, pese a que ofrecer un aspecto impresionante suele considerarse un acto un tanto despreciable de egolatría o una estrategia descarada para tener relaciones sexuales, puede ser un regalo destinado a quienes nos rodean, una especie de arte público y una celebración, y con guardarropas como el de Ed, incluso un tipo de agudeza y de comentario.

Observar a la gente es uno de los grandes placeres de la vida, y me consideraba afortunada por vivir entre drag queens y las Hermanas de la Perpetua Indulgencia, el grupo activista de lucha contra el sida y organización fraternal/sororal creada a finales de los años setenta; entre gente que aprovechaba cualquier excusa para disfrazarse en una ciudad de desfiles, fiestas callejeras y festivales por el Día de los Muertos y Halloween, el Orgullo Gay y el Año Nuevo Chino; entre subculturas con sus estilos particulares, desde el punk, el *lowrider** y el hip hop hasta las de muchas personas que reconfiguraban el género para hacer lo que les apetecía y que lo manifestaban con su estética personal y con el lenguaje corporal. Y los seres excéntricos que no pertenecían a ningún clan o que formaban por sí solos una tribu en aquellos tiempos en que la gente vivía más en los espacios públicos. En aquel entonces la ciudad parecía un carnaval interminable de autoinvención, en el que cualquier paseo por la calle podía convertirse en un desfile, con algunas personas que se esforzaban más por actuar en él, pero siempre había mucho que ver, desde cabezas con crestas teñidas con los colores del arcoíris hasta vestidos de fiesta ajados, y a veces ambos juntos.

Tal vez el alivio que el vestuario de Ed proporcionaba a una mujer que estaba muriéndose fue una de las formas en que descubrí que quienes somos y lo que hacemos, creamos, vestimos y decimos puede ser una aportación para quienes nos rodean; que muchos de los regalos más valiosos no son directos, materiales ni medibles; que incluso la manera en que vivimos puede ser un regalo que hacemos a los demás. Estar entre hombres gais me liberó, porque la liberación es contagiosa. Aprendí mucho de ellos, saqué provecho en numerosos aspectos y disfruté

---

* Coche clásico, pintado de colores brillantes, al que se ha modificado la suspensión para que ruede muy bajo. El término alude también al propietario de esos automóviles. El movimiento *lowrider* nació en California en los años cuarenta como manifestación de la identidad cultural chicana y tuvo su apogeo en la década de los setenta. *(N. de la T.)*

inmensamente. Por supuesto, con esto no me refiero a todos los hombres gais, solo a mis encuentros con aquellos que me dieron alegría y los que se convirtieron en mis amigos.

Durante treinta años viví a cuatro pasos del distrito Castro, y antes de ser ciudadana de San Francisco ya había ido a ver películas al Castro Theater, uno de los pocos espléndidos palacios del cine que no se han demolido o convertido en multicines. He visto centenares de cintas en su majestuosa caverna de luz tenue. Como espectadora de festivales cinematográficos, de wésterns y musicales clásicos, del festival anual de cine negro, del documental sobre el sida *We Were Here*, de montones de películas de Tarkovski y Antonioni y del filme sobre Harvey Milk que nos permitió contemplar en la pantalla la sala donde estábamos sentados, aprendí de los murmullos, suspiros, hurras, gruñidos y risitas a interpretar las connotaciones homoeróticas, a percatarme de los amaneramientos, a censurar el odio de los filmes antiguos y las ideas ramplonas de los modernos. Los hombres gais me enseñaron a leer con atención, a alabar y evaluar con mirada crítica y a participar de los chistes, incluso cuando eran (en su mayor parte) chistes mudos en la oscuridad.

Del mismo modo que tal vez os enorgullezca la arquitectura civil o el equipo de vuestra ciudad, creo que en aquel entonces algunas personas heterosexuales estábamos orgullosas de nuestra población gay, contentas de sentirnos mundanas respecto a los ámbitos antipuritanos de los baños públicos y de la escena gay *leather* tal como eran antes de la epidemia del sida; lo bastante abiertas para bromear con una drag queen o participar en la espléndida variedad del Halloween de Castro cuando aquel carnaval callejero espontáneo se hallaba en flor, antes de que los jóvenes universitarios y otros curiosos lo adulteraran y apareciera la violencia; contentas de estar en un lugar donde proliferaban acontecimientos y personajes que no podían darse en ningún otro sitio, apreciando que la ciudad fuera un imán para seres desesperados por escapar de la Norteamérica sana que quería matarlos; impresionadas por el heroísmo y la clarividencia de algunos liderazgos políticos en las calles y, con el tiempo, en el poder.

Mi primer amigo gay apareció cuando yo tenía unos trece años, y no mucho después me llevó a mi primer bar de drag queens, en Polk Street, del que recuerdo muy poco aparte del revuelo festivo de las queens maquilladas que se sentaron con nosotros a una mesita de café y admiraron cariñosamente mi tez infantil. San Francisco poseía una geografía sexual, con el ambiente *leather* en Folsom Street, las mujeres trans y las drag queens en el barrio de Tenderloin, los hombres gais en Polk Street antes de que la vitalidad de ese escenario se diluyera al convertirse Castro en la nueva capital, y los bares y clubes de lesbianas en North Beach previos a mi época y luego en diversos sitios de la ciudad antes de que también esos locales desaparecieran poco a poco. Durante una temporada, entre los diecisiete o dieciocho y los veintipocos, iba a bailar al Stud, un bar *leather*, uno de los contados lugares en que coincidían los punks y los gais (y en ocasiones eran las mismas personas).

Los gais y las lesbianas de mi entorno me animaron a entender que el género es el que una quiere que sea, que las normas podían romperse y que por lo general el precio que se paga por romperlas merecía la pena. Los hombres me ayudaron a comprender que lo que me molestaba y frustraba de los varones heterosexuales no era inherente al género, sino que estaba incorporado al rol. O como lo expresó el grupo de acción directa Queer Nation en los adhesivos que esparcieron por toda la ciudad a principios de los noventa: «¿Qué causa la heterosexualidad?». Me sirvieron de modelos de la belleza radical que implica rechazar lo que se nos asigna, y si ellos no tenían que ser lo que se suponía que eran, yo tampoco tenía por qué serlo.

Por todo Estados Unidos y en otras partes hay personas que imaginan que la homogeneidad es un derecho, que desean y a veces exigen que lo sea; que sostienen que la coexistencia las pone en peligro y las amenaza. Reflexiono sobre ellas, sobre cómo sería ser el tipo de persona que esperaba dominar un país y una cultura para siempre y encontrar seguridad en la homogeneidad y peligro —en general imaginado, o de carácter metafísico— en una sociedad heterogénea. Yo era blanca, pero hija de una irlandesa católica progresista y de un ruso judío, criada en un barrio conservador y a veces antisemita, una niña apasionada de los libros en una pequeña ciudad antiintelectual, una chica en una familia de chicos. No creía que hubiera mucha gente idéntica a mí ni que llegara a ser una población mayoritaria en ninguna parte. En un ambiente homogéneo siempre tenía la sensación de destacar en aspectos que podían castigarse; estar en un grupo diverso resultaba más seguro y más gratificante. Y viviendo en una urbe de minoría blanca llegué a pensar que «como yo» significaba personas a las que les gustaban las mismas cosas que a mí y que compartían mis ideales.

Existen muchísimas formas de desaparecer. Y a algunas personas nunca se les permitió siquiera aparecer. Cleve Jones, que fue asesor y amigo íntimo del concejal de San Francisco Harvey Milk, y que desde entonces se ha labrado una importante carrera política, escribió en sus memorias, *When We Rise*: «Nací en la generación de personas homosexuales que crecieron sin saber si en todo el planeta había alguien que sintiera lo mismo que ellas. Sencillamente nunca se hablaba del tema. [...] Ser gay era algo enfermizo, ilegal y repugnante, y ser descubierto implicaba acabar en prisión o en un psiquiátrico. Aquellos a quienes arrestaban lo perdían todo: la profesión, la familia y a menudo la vida. Y en todas las ciudades y estados nos perseguían sin tregua unidades especiales de la policía. [...] A los doce años me di cuenta de que necesitaba un plan. Y el único que se me ocurrió fue esconderme, no revelar jamás mi secreto, y si me descubrían, suicidarme».

Aquellos años de formación míos fueron años de transformación para la cultura gay, y casi todos los hombres que conocía tenían una versión del viaje de Cleve a través del ocultamiento y la vergüenza hasta encontrar amigos, amantes y un lugar en el mundo, o al menos en la ciudad, o al menos en unos cuantos barrios de ella. Desde las protestas de los años setenta contra la legislación antigay, pasando por los White Night Riots [«disturbios de la Noche Blanca»] después del asesinato de Milk a manos de un expolicía conservador* hasta el activismo feroz de ACT UP y Queer Nation en los años noventa, era un sitio muy politizado. Fue el centro de la crisis del sida y de la organización de la respuesta a esa enfermedad, desde la labor educativa sobre el sexo seguro llevada a cabo por las Hermanas de la Perpetua Indulgencia hasta ACT UP, Queer Nation y el proyecto del edredón conmemorativo del sida ideado por Cleve, un proyecto tan gigantesco que la última vez que se desplegó por completo, en 1996, cubrió todo el Mall de la capital del país.

Observé la crisis del sida como una espectadora que cruzaba un Castro donde de repente había tablones de anuncios con avisos y artículos de periódicos gais sobre una extraña enfermedad nueva, y luego hombres esqueléticos que se tambaleaban

---

* De nombre Dan White. (N. de la T.)

en las aceras, muestras conmemorativas, protestas y manifestaciones. Estuve muy unida a un hombre, el artista David Cannon Dashiell, desde que Barry, su pareja de toda la vida, murió a causa de un medicamento experimental contra el sida hasta el propio fallecimiento de David, casi cuatro años después. Me regaló la cazadora de moto negra de Barry después de que me robaran la mía, y me la puse durante años en aquella época en que las cazadoras de cuero eran una especie de uniforme para gente como nosotros.

David se quedó deshecho por la muerte de Barry, pero el seguro de vida de este le permitió tener lo que siempre había deseado, empezando por más tiempo para la creación artística. Tiró la casa por la ventana —compró un apartamento que reformó y amuebló, y adquirió muchas obras de artistas gais a los que admiraba (Jerome, Nayland Blake, Lari Pittman)— sabiendo lo que yo no sabía: que le quedaba poco tiempo de vida. Incluso sus muebles traslucían un ingenio mordaz: en la mesa del comedor había seis sillas de ruedas de acero tapizadas en muaré y con flecos que caían de los brazos, un guiño a que la enfermedad podía dejarlo inválido. En esas sillas recorríamos el piso a toda velocidad riéndonos.

Su arte era erudito, un proyecto de homosexualizar los sistemas de representación existentes. Aún conservo un panel de la baraja del tarot que redibujó en tiza sobre grandes redondeles de papel negro; muestra a un hombre desde arriba, un cuerpo musculoso trazado en unas pocas líneas rápidas, con tetillas que son puntas diminutas sobre el fuerte pecho. David era alto y esbelto, de piel pálida y actitud irónicamente aristocrática, y le gustaban mucho la decadencia y la transgresión. Fue a mí a quien llamó la noche en que su infección por el VIH se convirtió en sida, y corrí al glamuroso apartamento victoriano que había montado llevándole zumo de fruta, sopa y las películas más frívolas que encontré. Recostados en su cama junto a la ventana salediza vimos *Picnic*, con Kim Novak y William Holden, una de esas cintas cuyos desmesurados ritos heterosexuales constituían una ocasión perfecta para los comentarios sarcásticos. Estuvimos despiertos hasta tarde tomando sopa y viendo películas, y por la mañana fue al médico. Ninguno de los dos estaba preparado para hablar directamente de lo que estaba ocurriendo, pero ocurrió de todas formas.

David volvió a enamorarse, y él y su pareja viajaron por Europa con una maleta de ropa y otra de pastillas. Terminó su obra maestra poco antes de morir. Era una reconcepción de los murales de la Villa de los Misterios de Pompeya, una instalación enorme, con figuras de tamaño natural pintadas sobre láminas de plexiglás de casi dos metros y medio de altura: hombres gais del período eduardiano con tez blanca y azul lavanda que se besaban, se canibalizaban e intercambiaban fluidos corporales; lesbianas de ciencia ficción y piel verde enfrascadas asimismo en ritos eróticos transgresores. Fui testigo de la aparición y desaparición simultáneas de David, la primera como artista de ambición y visibilidad crecientes, la segunda a causa de la enfermedad que acabó con su vida en el verano de 1993, cuando tenía cuarenta años.

San Francisco era un refugio, pero ni mucho menos perfecto, por lo que la violencia homófoba existía incluso aquí. Un hombre llamado James Finn, al escribir sobre una agresión que sufrió en otro lugar por ser gay (y sobre cómo, con su fuerte marido, ganó la batalla), señaló: «Cuando un hombre homófobo insulta a un hombre gay, casi invariablemente lo hace comparándolo de manera desfavorable con una mujer». A los hombres gais se les despreciaba por ser hombres que, en la imaginación de los homófobos, habían decidido ser como mujeres. Como mujeres por ser penetrados, cuando ser penetrado se consideraba equivalente a ser conquistado, invadido, humillado. Como mujeres heterosexuales por verse sometidos a hombres (aunque también les irritaban las mujeres no heterosexuales que no se sometían a los hombres; se irritaban fácilmente).

Lo cual significa que algunos hombres heterosexuales, y en realidad sociedades enteras, en particular la nuestra, imaginan que las relaciones sexuales con mujeres son punitivas, dañinas, agresivas, un acto que ensalza la posición de él y echa por tierra la de ella. En algunas culturas el varón que penetra a alguien o algo, incluido a otro hombre, conserva su estatura; el que permite que lo penetren ha descendido de su posición de varón (por lo que resulta doblemente duro para los chicos y hombres víctimas de una violación). Una persona a quien conozco me contó que, hace mucho tiempo, fue a casa de una amistad de la universidad cuyo padre era agente de Wall Street. El resto de la familia disfrutaba de la cena en el lujoso apartamento del Upper East Side cuando el hombre llegó. Todos guardaron silencio, él se sentó y exclamó refiriéndose a su jornada en la Bolsa: «Le he dado bien por el culo». Imponerse a su competidor era como mantener relaciones sexuales con él, y las relaciones sexuales son hostiles y punitivas en una parte y humillantes en la otra; una declaración interesante para hacerla delante de la esposa y los hijos durante la cena.

La homofobia encierra misoginia: el acto de ser hombre es un esfuerzo constante por no ser mujer. Si lo que un hombre hace con una mujer, o con cualquiera al que penetre, se concibe como violarla y saquearla, la humillación y la degradación resultan indistinguibles de la sexualidad o son un sustituto de esta en la imaginación puritana. Buena parte de los millares de informes de agresiones sexuales que he leído en los últimos años incluyen actos que nada tienen que ver con la satisfacción física que suele suponerse como fin. Es una versión del amor que es guerra, la representación o materialización de un conjunto de metáforas en las que los cuerpos masculinos son armas, los femeninos, dianas, y los de los gais son odiados porque desdibujan la distinción o no admiten las metáforas.

Todo el mundo es interdependiente. Todo el mundo es vulnerable. Todo el mundo es penetrable y todo el mundo es penetrado sin cesar por las vibraciones sonoras que llegan hasta el oído interno; por la luz que brilla en nuestros ojos y en la superficie de nuestro cuerpo; por el aire que nunca debemos dejar de respirar; por la comida y el agua que ingerimos; por los contactos que generan sensaciones que se extienden desde la superficie de la piel hasta el cerebro; por las feromonas y bacterias que nos transmitimos mutuamente de forma imperceptible a través del aire y el contacto; por los olores, que son partículas minúsculas que inhalamos; por la infinidad de especies de bacterias beneficiosas del intestino y otras partes que constituyen una porción tan amplia del cuerpo humano que «yo» es una denominación inapropiada, o al menos es una multitud o quizá un grupo. Si fuéramos verdaderamente impenetrables moriríamos en cuestión de minutos, y había una especie de inmovilidad embotadora que formaba parte de la ecuación de imaginar que una pudiera serlo.

James Baldwin escribió esta célebre frase: «Si yo no soy lo que dices que soy, entonces tú no eres quien crees que eres». Redefinir a las mujeres y sus roles redefinió a los varones y la masculinidad, y al revés. Si los géneros no eran opuestos sino una gama de variaciones sobre el tema central de ser humano, si había muchas maneras de desempeñar nuestro rol o rechazarlo y se entendía que la liberación para cada género implicaba la posibilidad de adoptar lo que se había considerado el rol, los bienes e incluso los sentimientos adecuados del otro, o de encontrar una tercera (o séptima) vía, entonces el baluarte se desmoronaría y todo el mundo podría desplazarse a sus anchas.

Muchas veces la masculinidad heterosexual me ha parecido una renuncia extraordinaria, un rechazo no solo de la infinidad de cosas que se supone que a los hombres no les gustan, sino incluso de la multitud de cosas en las que se supone que ni siquiera reparan. Muchos de los hombres gais a los que conocí sí reparaban en ellas, y uno de los placeres de las conversaciones con amigos gais era la aguda conciencia de los fenómenos políticos, estéticos y afectivos, la habilidad de apreciar las cosas pequeñas y evaluar matices y grados sutiles de diferenciación.

Esos hombres sabían que las palabras podían ser festivas, recreativas, medicinales, que la guasa, el flirteo y la prodigalidad, que el humor, la ironía y las anécdotas sobre lo absurdo eran placeres que merecía la pena buscar. Sabían que conversar no era, como muchos hombres heterosexuales parecían suponer, una mera transacción, una forma de descargar o extraer información e instrucciones. Podía ser un juego, variaciones sobre ideas y tonos; podía brindar ánimo y cariño, y podía invitar a la gente a ser ella misma y a conocerse a fin de que los demás la conocieran. Se barajaban muchos tipos de amor: el amor a la descripción precisa y vívida, que unas veces era poética, otras de una agudeza punzante y otras de una profunda clarividencia, y el amor a los intercambios que tejían conexiones entre interlocutores e ideas.

Si el humor consiste en advertir el resquicio entre lo que se supone que son las cosas y lo que en realidad son —y buena parte del humor no cruel es eso—, entonces las personas menos comprometidas con las cosas como se supone que son, o que se muestran contrarias a las convenciones o se convierten en víctimas de ellas, son las más propensas a celebrar esos resquicios y las más diestras para hacerlo. El hombre hetero, *straight* en inglés, es una figura humorística, el que no cuenta el chiste ni lo entiende, y *straight* [«derecho», «recto»] indica pensamiento lineal y caminos convencionales, además de heterosexualidad.

Recuerdo que durante años, cada vez que me encontraba con el gran artista y diseñador gráfico Rex Ray, que diseñó mi primer libro, le gritaba: «¡¡¡COSTILLITA!!!», y él exclamaba: «¡¡¡BOMBÓN!!!», con su voz melodiosa, divertida y alegre, y que cuando, allá por 1990, empezaba a conocer al joven arquitecto Tim O'Toole, los dos nos saludábamos con un cáustico «HELLO, Kitty», en el que acometíamos con fuerza la primera palabra y retrocedíamos con la segunda, de modo que la frase era como un apretón de manos secreto, un símbolo de pertenencia. Y que entre ellos me sentía libre para mostrarme graciosa, dramática o grotesca, y que era muy divertido, y que nos reíamos mucho y también había espacio para sentirnos tristes y abandonados. Incluso eso podía convertirse en algo cuya absurdidad y exceso daban pie a más comentarios ingeniosos, porque el mal de amores y la soledad tienen su lado cómico y encontrarlo puede ser la clave de la supervivencia. Y recuerdo que eso me permitió ser alguien que no habría llegado a ser en otro lugar. Y no es que mis amigos gais tuvieran pluma o fueran expertos en cultura. Bob Fulkerson era un hombre fuerte amante de la naturaleza y activista político consagrado al estado de Nevada, de donde era su familia desde hacía cinco generaciones, y me llamaba y todavía me llama de vez en cuando solo para dejarme el mensaje de que me quiere, casi treinta años después de que nos conociéramos en el Emplazamiento de Pruebas de Nevada.

La cultura gay me demostró que la vida podía tener como cimientos firmes amistades tan fuertes que constituyen una forma de familia, y que la familia puede liberarse de los roles convencionales de los contratos conyugales, la procreación y la consanguinidad. Era un baluarte contra la insistencia generalizada y agotadora en que solo la familia nuclear suministra amor y estabilidad, y a veces lo hace, pero sabemos que en ocasiones proporciona tristeza y sabotajes. Naturalmente, en parte era el resultado de que se excluyera a las personas gais del matrimonio y de que las familias biológicas las rechazaran mucho antes de que el matrimonio igualitario fuera legal en el país y las parejas del mismo sexo tuvieran más acceso a las adopciones. Años después, cuando me olvidaba de decir a los entrevistadores que nunca preguntarían eso a un hombre o de estrangularlos por ser tan desagradables, a veces respondía a las indiscretas preguntas sobre por qué no me había casado ni había tenido hijos diciendo que era de San Francisco, que me contaba entre la gente con ideas menos convencionales sobre cómo podía ser la vida y qué tipos de amor la apuntalaban. Fue un regalo formidable.

Desde aquel apartamento mío podía ir a pie en dirección oeste hasta el océano Pacífico. Si me encaminaba hacia el sur llegaba a Castro, adonde me atraían el cine y otros muchos servicios y una población cambiante de amigos. Rara vez me dirigía al norte, salvo en coche para cruzar el Golden Gate y zambullirme en el campo..., o para visitar a mi madre, por lo que los viajes por el puente significaban tanto liberación como pavor. A corta distancia hacia el este se encontraban el Centro Cívico y la biblioteca principal, adonde sigo yendo a investigar, y los trenes que llevan al este de la bahía. A medida que avanzaba la década de 1990, cruzaba cada vez más veces el puente de la Bahía en dirección este para llegar al Oeste norteamericano, a las montañas, el desierto y la vida y los amigos nuevos que encontraba allí. A pesar de todo, el mundo se me abría, o yo me abría a él.

Audibilidad, credibilidad y relevancia

1

Crecer como si fuéramos árboles, decimos, como si solo hubiera que aumentar la altura, pero gran parte del proceso consiste en crecer como totalidad a medida que se reúnen los fragmentos y se descubren las formas. Las criaturas humanas nacen con un cráneo formado por cuatro placas aún no soldadas en una bóveda a fin de que la cabeza pueda comprimirse para pasar por el canal del parto y el cerebro crezca después. Las suturas de esas placas son complejas, como dedos entrelazados, como los meandros de los ríos árticos que atraviesan la tundra.

En los primeros años el cráneo cuadruplica su tamaño. Si los huesos se sueldan demasiado pronto, limitan el crecimiento del cerebro, y si no se sueldan, este queda desprotegido. Del mismo modo, la vida debe ser lo bastante abierta para crecer y lo bastante compacta para constituir una unidad sólida. Nos creamos como si fuéramos un collage, buscando las piezas de una cosmovisión, de gente a la que querer y de motivos para vivir, y luego las integramos en un todo, en una vida coherente con sus creencias y deseos, al menos si tenemos suerte.

La ciudad fue mi gran maestra en la década de 1980, y aquel primer libro nació de lo que aprendí paseando por las calles y los barrios, topándome con subculturas y enclaves. El segundo surgió de lo que los vastos espacios de las montañas y los desiertos y sus gentes tenían que enseñarme, y las lecciones fueron magníficas, fabulosas, aterradoras en ocasiones, y los lugares aportaron nuevos amigos y un nuevo sentido del yo.

Cuando tenía unos veinticinco años, mi pasión infantil por los espacios naturales regresó con una intensidad renovada; en los sitios agrestes —bosques, praderas, costas— de mi región viví epifanías y encontré una sensación de libertad, y empecé a estudiar la historia cultural de las ideas, de las representaciones y de los deseos de naturaleza, lugar y paisaje, primero a través del arte y la historia del arte, más tarde en la bibliografía sobre el medio ambiente y en las historias culturales, y con el tiempo escribí sobre ella.

Empecé a explorar y acampar, y deambulé primero por lugares de la zona y por ideas inglesas del paisaje, para luego internarme en lo que había al otro lado del horizonte, el Oeste norteamericano, las tierras secas y los espacios abiertos que se extienden a nuestro este, y en las ideas no occidentales de la naturaleza, más centradas en entender formas y relaciones que en plasmarlo todo en imágenes. (En aquellas primeras excursiones con acampada, seguía tan angustiada por la violencia callejera que tumbarme al raso me parecía temerario y aterrador; tardé mucho tiempo en acostumbrarme a que en el campo la seguridad consiste en alejarse del peligro, no en las barreras y recursos contra él que nos proporcionan los sistemas y estructuras urbanos. Sigo sin ir sola de acampada, aunque sí salgo de excursión en solitario, por lo general con pensamientos de peligro no muy lejos; el acceso a la naturaleza depende de nuestra sensación de seguridad, como también saben las personas de color.) Me embebí de imágenes de paisajes y de bibliografía sobre ellos antes de centrarme en artistas y explorar las ideas sobre el lugar, el paisaje, la naturaleza y el viaje.

La vida que buscaba empezó a echar raíces a finales de los ochenta, pero tuvo numerosos inicios, como si hubiera plantado un montón de semillas y esperara y esperara mientras bajo tierra se producían una germinación y un crecimiento secretos, hasta que de pronto aparecieron. Comencé mi primer libro, entablé mis primeras amistades duraderas, descubrí la manera de salir al más ancho mundo del Oeste norteamericano, encontré, como se dice, mi voz.

A veces digo que el Emplazamiento de Pruebas de Nevada me enseñó a escribir, porque cuando acudí para las grandes acciones y acampadas antinucleares de la primavera de 1988, y todos los años siguientes hasta entrado el nuevo milenio, hallé un lugar tan inhóspito, inmenso y —para mí— extraño, donde convergían tantas culturas y relatos, que tuve que reunir los fragmentos de lo que estaba haciendo a fin de formar una nueva totalidad y tener algo que me pareciera apropiado a lo que encontré allí. Hasta entonces había aceptado las casillas en que encajaban los textos. Había escrito crítica y reseñas con un tono seguro que daba la impresión de objetividad, había escrito reportajes más o menos tendenciosos dentro de los límites del periodismo. En aquellos años también había escrito breves ensayos densos que eran líricos, personales, emotivos, metafóricos; en ellos experimentaba con la forma y el tono y vertía lo que aprendía de la poesía y la voz profética, hacía cuanto se suponía que no debía hacerse en la crítica y el periodismo, abría la puerta al asombro, la melancolía y la incertidumbre, y daba rienda suelta a las posibilidades del lenguaje.

El Emplazamiento de Pruebas de Nevada era un sitio de convergencia: convergencia de pueblos, de crónicas históricas, de valores e ideas, de fuerzas que iban desde la carrera armamentista nuclear a la reacción eurocéntrica a los desiertos. Me di cuenta de que, para describir lo que eso significaba, necesitaba todos los tipos de textos que había aprendido a redactar y de que los necesitaba juntos, no separados. Aquello marcó un hito en mi literatura, y *Savage Dreams*, el libro resultante, fue el primer experimento pletórico en que auné estilos literarios y voces y acepté que podían ser la misma voz que ofreciera una descripción histórica, evocadora, personal y analítica de la complejidad de una situación política y un momento histórico.

Era un lugar lleno de fuerza. Aún ahora me parece sentir lo que era estar allí: las formidables extensiones de tierra color polvo adoquinadas de piedras, entre ellas el brillante cuarzo rosa; fieras plantas puntiagudas aquí y allá sobre el suelo pálido entre las rocas; la atmósfera seca y espectacularmente diáfana (a menos que hubiera una tormenta de arena o hiciera tanto calor que el aire bullera y reverberara), tan diáfana que la vista alcanzaba varias docenas de kilómetros hasta las cordilleras afiladas como colmillos que se alzaban a lo lejos. Aquellos espacios inmensos me invitaban a desplazarme a mis anchas y a percibir la pequeñez del cuerpo y las preocupaciones humanas en un paisaje donde a veces se abarcaba con la vista más de ciento cincuenta kilómetros, donde era posible recorrer en coche la mitad de esa distancia sin encontrar una sola casa, donde una persona podía —y yo a veces lo hacía— caminar hacia el horizonte sintiéndose a la vez liberada y temerosa de lo que en un sitio tan árido como aquel le ocurre a un cuerpo compuesto de líquido en sus dos terceras partes. Una persona sentada casi podía percibir cómo el agua que desprendían su aliento y su piel se dispersaba en la atmósfera, donde a veces, pocas, en la parte más seca del estado más seco de la Unión, se formaban nubes y la lluvia se evaporaba al caer o azotaba la tierra para secarse en cuestión de minutos.

Siempre había anhelado el espacio ilimitado. Lo había encontrado antes en Ocean Beach, al otro extremo de la ciudad, y de niña en las colinas y a veces, tumbada de espaldas por la noche en la hierba que se hundía en la tierra, contemplando las estrellas hasta que tenía la sensación de que podía sumirme en ellas; lo había encontrado en los sueños en que volaba, en paseos a pie y en paseos por el tiempo y el espacio a través de los libros. Y después conseguí más del que había soñado, casi tanto como necesitaba.

Suele admitirse que es preciso descubrir cómo entrar en lugares cerrados y vigilados, pero entrar en esos espacios inmensos también requiere un esfuerzo. Hacía unos años, en un viaje en coche con mi novio por el Valle de la Muerte y el sudoeste del país, habíamos dado media vuelta antes de lo previsto porque en los valles y cañones no sabíamos encontrar los oasis ocultos donde se acumula el agua, ni apreciar la belleza con poco verdor o sin él, ni dejar que nos penetraran el silencio y la sensación de tiempo remoto y cíclico. El Emplazamiento de Pruebas de Nevada me enseñó a entrar, porque aquellas acampadas y protestas organizadas todas las primaveras me permitieron conocer a gente con vínculos profundos con sitios remotos y me proporcionaron tiempo y, de un modo quijotesco, un lugar donde me sentía a salvo. A salvo, pese a que nos enfrentábamos a las armas nucleares que explotaban a corta distancia, a que nos preguntábamos por la lluvia radiactiva que estaríamos ingiriendo y a que los guardias armados que protegían el lugar nos arrestaban, a veces de manera violenta. A salvo de agresiones porque acampaba con amigos entre miles de personas consagradas a la paz y el desarme (aunque esquivar a los hippies que exigían abrazos fue un esfuerzo continuo para las jóvenes).

Mi hermano menor desempeñaba un papel decisivo en la organización de las protestas del Emplazamiento de Pruebas cuando en 1988 me animó a acompañarlo, y en ese lugar convergieron mi ecologismo y su activismo antibélico. Las bombas atómicas que estallaban con frecuencia allí, en aquellos ensayos para la guerra del fin mundo, eran una brutalidad contra todos los seres vivos que se encontraran en la dirección del viento, las personas que habitaban las reservas y los ranchos, el ganado, la población de ciudades pequeñas, la fauna y la flora. Nuestra familia había emigrado a grandes urbes, y en ocasiones me parece que con las aventuras que tuvimos en aquella zona rural —con las gentes de los ranchos, las indígenas de Nevada, activistas, mormonas y exmilitares expuestos a radiaciones ionizantes con quienes trabajamos y entre quienes vivimos— los dos llegamos por fin de verdad a la tierra desnuda de este continente.

Y más tarde formamos parte de un gran proyecto para redefinirlo todo. Varios ancianos shoshones occidentales nos habían acompañado en las acciones para denunciar que las pruebas nucleares se realizaban en su tierra y que querrían que se la devolvieran, a ser posible sin más bombardeos ni contaminación. En aquel entonces el movimiento de justicia medioambiental —un esfuerzo por dirigir la atención hacia la raza y la clase social de las personas afectadas por la devastación medioambiental— cobraba impulso y divulgaba nuevas formas de pensar. A finales de los años ochenta había sido voluntaria del Earth Island Institute, que aglutina numerosos proyectos medioambientales, entre ellos las entonces todavía jóvenes Rainforest Action Network y EPOCA, el Environmental Project on Central America. Ambos abordaban el hecho de que los lugares tropicales que intentaban proteger habían tenido durante mucho tiempo población humana y que los derechos humanos y la protección medioambiental eran objetivos indisociables. Tal vez parezca obvio ahora, pero antes era una novedad.

A quienes llegaron después tal vez les cueste entender lo sumamente ignorantes que las personas no indígenas éramos entonces, hasta qué punto los pueblos nativos habían desaparecido de la conversación dominante, si es que habían entrado en ella, y que solo hablábamos de ellos en pasado, como si se hubieran desvanecido hacía tiempo y jamás fueran a aparecer para hablar en su propio nombre. También se los trataba como pueblos que no habían existido cuando artistas, fotógrafos, ecologistas, poetas, exploradores e historiadores imaginaban y representaban Norteamérica como un sitio donde los seres humanos acabaran de llegar o, mejor dicho, que los varones blancos hubieran descubierto hacía poco.

Ideas que en la actualidad nos parecen corrientes echaron por tierra en aquel entonces categorías enteras de pensamiento. Pusieron fin —hasta cierto punto, aunque no del todo— a una época en que se contaban relatos sobre un paisaje norteamericano sin presencia humana hasta la llegada de los europeos. En ocasiones pensaba en eso como si fuera la teoría Virgen/ramera del paisaje: la presencia humana se imaginaba como la violación inevitable de una naturaleza pasiva y vulnerable que inevitablemente nosotros degradábamos. Se imaginaba al pueblo blanco como descubridores de un lugar a la espera, antes de que tuviera historia, de que tuviera cultura. Más allá de esta dicotomía existen otras formas de ser humano, otras formas de estar en el mundo natural. Ser ecologista empezaba a significar, por fin, reconocer y respetar a los primeros pueblos que habitaron esos lugares, e incluir el impacto humano —la caza, la recolección, las técnicas de gestión del fuego— como un factor en las evaluaciones de los que habían sido los ecosistemas antes de la llegada de los euroamericanos. Es decir, esas nuevas voces y esquemas transformaron de manera trascendental nada menos que la historia, la naturaleza y la cultura.

Para mí fue sumamente esperanzador el resurgimiento de gentes que se basaban en algo distinto de la cosmovisión europea y judeocristiana, que habían vivido milenios en un sitio sin, en general, devastarlo. Me parecía que los profundos vínculos que algunas tenían con las costumbres de antaño y los lugares ofrecían aptitudes fundamentales para abrirse camino en el futuro (algo que vería en toda su potencia con los zapatistas del sur de México a partir de 1994 y en la fuerte presencia de los pueblos indígenas en el movimiento por el clima del siglo XXI). Los mitos de la creación de los pueblos nativos norteamericanos, en los que el mundo nunca es perfecto, nunca acaba de ser creado y no hay caída, alumbraban con luz clara los problemas del Génesis y de las preocupaciones judeocristianas sobre la perfección, la pureza y la caída en desgracia. En aquellos años también trabajé con Lewis DeSoto, un artista indígena de California, cuyas instalaciones, paisajes y formas de pensar sobre el lugar y lo sagrado me mostraron asimismo nuevas perspectivas y posibilidades.

En 1990 conocí al activista medioambiental Bob Fulkerson, de Nevada, de donde era su familia desde hacía cinco generaciones, y me invitó a acompañarlos a él y a otros paisanos suyos en un viaje al interior del estado. Durante el breve trayecto por carretera capté la amplitud de la infraestructura militar y la destrucción que había causado por todo el oeste, descubrí a sus gentes, abnegadas, ingeniosas e intrépidas, comprometidas con sus remotos lugares rurales, junto con el deseo de unirme a ellas y la sensación de que había estado buscándolas desde la infancia. Nos mantuvimos en contacto y Bob me exhortó a acudir al último día del juicio de Mary y Carrie Dann en Reno (Nevada), a finales de la primavera de 1991. Los problemas de estas hermanas shoshones occidentales habían empezado en 1973, cuando un agente federal preguntó a Mary por qué no abonaba la tasa de pastos por sus vacas. Ella le respondió que aquella no era tierra federal, y estaba en lo cierto al afirmar que los shoshones occidentales no habían cedido su territorio en el tratado firmado en 1863. Las Dann persistieron con su demanda hasta llegar al Tribunal Supremo. Perdieron únicamente porque, en el curso del procedimiento, el gobierno se inventó que había tomado la tierra en la década de 1870, fecha que no se correspondía con ningún acontecimiento real, y decidió indemnizar a la tribu por la pérdida de los terrenos con precios de 1872 sin intereses. Los tradicionalistas, catalizados por las Dann, se negaron a aceptar el pago.

Cuando acabó el juicio, Bob me presentó a Virginia Sanchez, una activista medioambiental shoshone occidental, quien me pidió que escribiera una historia general de los derechos sobre la tierra de su pueblo para una modesta publicación ecologista. Acepté el trabajo con entusiasmo y lo empecé pasando varios días en los archivos de la Universidad de Nevada, en Reno. Sentada en una silla de respaldo recto, analicé microfilmes de la CIA —de la Comisión sobre Asuntos Indios, antecesora de la Agencia de Asuntos Indios—, leí e imprimí los informes de los oficiales de rango superior de Nevada en las décadas de 1860 y 1870 y tomé notas sobre ellos. Los rollos de microfilmes estaban llenos de largos rayajos horizontales, y las cartas estaban escritas con una preciosa caligrafía inglesa que costaba descifrar, pero el contenido resultó cada vez más claro.

La pulcritud de las palabras desplegadas en arcos y curvas sobre páginas pautadas a mano evocaba una especie de orden y decoro, reafirmados por la esmerada cortesía de los saludos y las despedidas de esas misivas sobre el genocidio. Sobre cómo quitar de en medio a los pueblos nativos cuando los blancos invadieron el Oeste, someterlos y permitir que se saquearan sus recursos; cómo reprimirlos y darles limosna cuando su tierra natal quedó tan degradada que desaparecieron las fuentes de alimentación. Nos gustaría que se viera a las claras que quienes participan en monstruosidades son monstruos, pero muchas de esas personas son seguidoras obedientes, incondicionales y diligentes de las normas de su época, a quienes se ha enseñado qué deben sentir, pensar y observar y qué no. Los hombres que redactaron esos informes parecían burócratas serios, a veces compasivos con la difícil situación de la gente a la que estaban ayudando a exterminar, siempre convencidos de su propia honradez. Es la inocencia que constituye el crimen.

Liberada hasta cierto punto de la mía, me convertí en miembro del Proyecto de Defensa de los Shoshones Occidentales cuando se creó en la primavera siguiente para apoyar a Mary y Carrie Dann mientras se preparaban para hacer frente al ataque del gobierno. Eran unas matriarcas fabulosas e intrépidas, las mujeres menos sometidas que he conocido, reinas de su casa, jefas de su rancho, capaces de reparar un generador o de domar un mustang de sus enormes manadas, risueñas y lapidarias cuando hablaban con nosotros en inglés y entre sí en su lengua. (Mi libro *Savage Dreams*, en el que ellas eran las figuras principales, situaba en primer plano a muchas mujeres carismáticas y grupos de mujeres, pero no sé si alguien lo consideró una obra feminista.) Estar cerca de ellas fue una revelación: era hallarse en el espacio hasta donde se remontaban los recuerdos familiares antes de la llegada de los pueblos blancos, cuando la tierra era sagrada, las mujeres estaban al mando y los actos debían defender lo que era importante para el futuro a largo plazo. Yo estaba adquiriendo una formación sobre cosas tangibles como la situación general y la historia del Oeste, pero también sobre asuntos del espíritu y las preguntas de cómo vivir.

Incorporarme al proyecto implicó pasar semanas seguidas en el remoto rancho ganadero de las Dann, en el nordeste de Nevada, y dormir en mi camioneta o en una caravana junto a su casa, donde podía enchufar el ordenador de sobremesa y la impresora que había llevado conmigo. Significó unirme a amistades del movimiento antinuclear y a personas a quienes no conocía, indígenas y no indígenas, como en una coalición, y asistir a asambleas y concentraciones tribales. En mi caso particular significó escribir cartas y declaraciones en nombre de Carrie, así como mucho material para el proyecto, comunicados de prensa y dosieres (la investigación que hice para el largo artículo de fondo que redacté después de la inmersión en el archivo de microfilmes me había enseñado mucho). Y significó esperar, porque, una vez acabado el conflicto judicial, el gobierno amenazó con incautarse del ganado.

El asalto violento se produjo el 11 de abril de 1992. Un activista que estaba en el rancho se encontró con una mujer que le preguntó por los coches del sheriff que había visto junto al centro social de la aldea más cercana. El gobierno había contratado a un grupo de expertos en rodeos para confiscar las reses y las fuerzas del orden habían acudido para respaldarlos. Me enteré de la noticia por teléfono; al cabo de una hora ya había anulado mis planes, y tras recoger mis bártulos, me dirigía en mi coche hacia el este por el puente de la Bahía. Crucé el río Sacramento y su ancho valle, robledos y pinares, atravesé Sierra

Nevada y me interné en el desierto, dormité un par de horas en un área de servicio y al amanecer me puse de nuevo al volante para terminar de recorrer los ochocientos kilómetros que separan mi casa de la de ellas. Era la primera vez que me desplazaba hacia la violencia.

A las diez de la mañana encontré casi desierto el corazón del rancho: la casa, los corrales, los edificios anexos y la caravana. El conflicto se había desarrollado en otro lugar, a caballo, cuando el grupo experto en rodeos de los federales se puso a perseguir al ganado y los defensores shoshones se interpusieron a lomos de los resistentes mustangs domados de las Dann. Junto al corral portátil en el que habían introducido algunas reses, Carrie había discutido acerca de los derechos sobre la tierra y los tratados con un agente federal y el sheriff de la localidad, y el agente la había agarrado del brazo para que no se interpusiera. Ella se soltó y se metió de un salto en el corral para impedir que subieran el ganado a los vehículos. Los otros no querían que el incidente fuera a más, así que se marcharon. Carrie ganó la batalla, aunque la guerra, que se remontaba a la década de 1850, no acabó.

La lucha nunca se resolvió, por las dificultades, los conflictos en el seno de la tribu, el cambio de los tiempos y la llegada de las minas de oro que arañaron, explotaron y contaminaron el valle, bombearon el agua de este e inundaron el cementerio de la familia Dann. Sentí pena por el callejón sin salida en que se hallaban y por la guerra de desgaste emprendida por el gobierno, y gratitud por el tiempo que había pasado con esas gentes. No obstante, se había producido un cambio de mayor envergadura que me hizo abrigar más esperanzas que nunca. Vi cómo la fuerza de la gente de los márgenes modificaba relatos fundamentales; vi surgir algo del todo imprevisto; vi que, al propagarse esos cambios, se cambiaban rótulos y libros de texto, monumentos, nombres de lugares, prácticas de gestión de la tierra y, en ocasiones, leyes; vi que los museos devolvían los huesos y las reliquias a las personas de las que eran antepasados y tesoros; vi que paulatinamente todas esas cosas tangibles implicaban algo más importante y menos tangible.

Eso no significaba que todo estuviera bien, pero supuso un giro radical con consecuencias prácticas, entre ellas el conocimiento y la gestión de lugares y sistemas naturales. La transformación me convenció de que la cultura podía cambiar la política, de que las representaciones podían determinar realidades, de que lo que hacíamos como escritoras e historiadoras era importante, de que cambiar el relato del pasado podía cambiar el futuro. Fue el origen de una profunda esperanza en mí respecto a la posibilidad de que se produjeran cambios radicales e inesperados y a la capacidad de las personas consideradas marginales o insignificantes de desencadenarlos. La fuerza y la visibilidad crecientes de las naciones indígenas de las Américas parecían estar en consonancia con las revoluciones pacíficas que derribaron los regímenes totalitarios de Europa en 1989 y con la disolución de la Unión Soviética unos años después, acontecimiento que seguí eufórica y con suma atención.

Aquella fue mi época dorada, no porque hubiera escapado de los males de este mundo, sino porque encontré nuevas formas de pensar en ellos y, a veces, de abordarlos, además de valerosos compañeros de afanes, lugares de los que enamorarse e ideas que me transformaron. Había comenzado regresando al sitio donde había pasado los dos primeros años de mi vida, el norte de Nuevo México, donde tuve la gran suerte de entablar amistad con la escritora feminista Lucy Lippard, mayor que yo, cuya respuesta al original de *Savage Dreams* consistió básicamente en darme la llave de la casita que tenía en la pradera (y un precioso texto promocional). Comencé a pasar parte de los veranos cuidándole la casa, embelesada por el cielo, el espacio, la luz y las tormentas. Más avanzada la década de 1990 inicié una relación con un hombre que vivía en el desierto de Mojave, en el sudeste de California, donde durante cuatro años pasé parte de mi tiempo.

Nuestros mejores y peores sentimientos se contagian, y me beneficié del coraje, la audacia, la entrega y el humor de todos aquellos oriundos del oeste apegados a la tierra (y de la briosa intrepidez trasplantada de Nueva Inglaterra que poseía Lucy). Y sentí un apego cada vez mayor a los lugares, que me proporcionaban alegrías y fuerzas. Había adquirido la seguridad necesaria para desplazarme a mis anchas por el oeste y subirme a la pick-up, que me permitía adentrarme en pistas de tierra y llegar a lugares remotos, y en cuya caja con capota pasé muchas noches, e hice amigos a los que visitar en Utah, Colorado, Nuevo México y Nevada. Viajaba mucho por el oeste de Estados Unidos, no para huir, sino para alcanzar un sentido más profundo de hogar y forjar vínculos por toda la región y mantenerlos. Estaba cultivando a una persona con raíces en ese sitio, en la despreocupación por los desafíos físicos, desde conducir y caminar largas distancias hasta vivir al raso y enfrentarme a las autoridades en protestas por el medio ambiente. Esa era quien quería ser, y en parte se trataba de una representación, con arreos incluidos —camisas que se abrochaban con automáticos de nácar, música country trillada, casetes para la camioneta, un bonito equipo de acampada—, pero otra parte caló hondo.

Mis textos iban lo bastante bien para que me sintiera optimista al respecto, pero no hasta el punto de que, como ocurriría más tarde, recibiera muchas peticiones. Así pues, vagaba, exploraba y aprovechaba al máximo las invitaciones que me llegaban. Disponía de mucho tiempo y bullía de entusiasmo por los mundos, las conexiones y las ideas que se desplegaban ante mí. Añoro la capacidad que tenía de subirme a la camioneta y pasar un par de semanas en algún sitio, de tomar el camino más largo, de detenerme a explorar y no preocuparme demasiado por las obligaciones. Era libre.

2

Al atardecer, cuando el cielo cerca del horizonte es de color albaricoque y en lo alto sigue siendo azul, a veces intento localizar la costura entre los dos tonos, pero en el firmamento solo existe cierta palidez entre esos opuestos en la que es fácil no reparar. A veces, al atardecer, intento observar el cambio de los colores o cómo una sombra se alarga sobre el paisaje, y casi siempre me distraigo un instante y después me doy cuenta de que el árbol en penumbra ha sido engullido por la oscuridad o la luz y que las sombras nítidas se han difuminado de golpe al ponerse el sol, o que el cielo que era azul cobalto se ha vuelto negro azulado. Las cosas son de un modo y luego de otro, y cuesta señalar las transiciones.

El presente se transforma en pasado mediante incrementos demasiado pequeños para medirlos; de repente, algo que es se convierte en algo que fue, y la manera como vivimos no es la manera como vivíamos. Buena parte de los cambios son difíciles de recordar para quienes los vivieron y de imaginar para quienes llegaron después. En muchas partes de la sociedad norteamericana la amabilidad se ha convertido cada vez más en un criterio aplicado a todas las formas de interacción, pero su ausencia era antes escurridiza, pues resulta demasiado fácil no reparar en quién y qué falta en la sala. Miles de formas de injusticia se volvieron visibles de tal modo que parecía normal reconocerlas y fácil olvidar los esfuerzos que lograron que se volvieran visibles (lo cual siempre suscita la pregunta de qué otras cosas no vemos todavía y qué defectos nos reprocharán las épocas futuras). Con la evolución del feminismo cuesta recordar muchos tipos de discriminación que antes no se reconocían, si bien esto es un indicador de la diferencia entre el pasado y el presente.

En el ámbito público se han producido cambios colosales que han transformado la época de mi juventud en un territorio extranjero, un territorio donde ya no vivo y que la gente joven jamás visitará, y la mayoría nunca sabrá lo diferente que era, por qué cambió y a quién agradecérselo. Mi vida también se metamorfoseó paulatinamente, con variaciones que solo percibiría con el paso del tiempo. Apenas tenía amistades, y casi ninguna de las que entablé en la adolescencia y con veintipocos años se avenía conmigo, quizá porque yo no sabía quién era o porque quería ser otra persona y por tanto ignoraba quiénes eran como yo o quiénes simpatizaban conmigo. O porque la amabilidad no era un criterio. Más tarde, cerca ya de los treinta, hice amigos que han perdurado, y luego más, y la sensación de estar a solas en un extremo se convirtió en la sensación de estar en las zonas fronterizas de diversos territorios, por lo que empecé a disfrutar trasladando ideas, proyectos y gente de un círculo a otro, y las carencias y la soledad desaparecieron.

Pasé una etapa en la que me acerqué a los poderes que había supuesto que no eran para mí ni quizá para mi género. A principios de los noventa me compré una moto, y acelerar, arrancar, mover su peso para aparcarla o ponerla derecha o levantarla cuando volcaba me producía una especie de placer de macho (más que montarla, que siempre me dio un poco de miedo por los coches, antes de que me la robaran a los nueve meses de haberla comprado). Poco después aprendí a hacer ejercicio con pesas y aparatos de pesas al darme cuenta por fin de que el cuerpo necesita mantenimiento y de que el estrés que petrificaba el mío se mitigaba al menos por un tiempo con el ejercicio intenso.

Al cabo de dos o tres años, el novio que vivía en el Mojave me enseñó a usar un rifle de calibre 22: una tarde hermosa, a última hora, nos internamos en el desierto y disparamos contra latas de cerveza Olde English hasta el anochecer, cuando nuestras sombras se alargaron treinta metros o más sobre la tierra llana. Me pareció inquietantemente divertido, aunque cuando fuimos a cazar con su padre, que se había pasado la vida en el ejército y mucho tiempo en combate, el hombre me contó que, por órdenes directas de un general, se había visto obligado a disparar contra civiles en una colina muy lejana... y que desde entonces tenía pesadillas. Fue una advertencia digna y solemne de que las armas deben tomarse en serio. Durante una breve temporada también aprendí kárate Shotokan con una campeona mundial que no tenía miedo a nada cuando caminaba por la calle. El mero hecho de gritar, patear y golpear exigía un sentido distinto del yo. Cada una de esas acciones parecía una pequeña usurpación de poderes que antes había creído que no estaban destinados a personas como yo. Las cosas empezaban a cambiar.

El acoso en las calles dejó en gran medida de ser un problema y mi recelo disminuyó, aunque nunca desapareció. No fue un experimento científico con un grupo de control, por lo que resulta difícil saber qué cambió exactamente. Quizá superé la edad en que se suele estar en el punto de mira. Quizá la cultura cambió de algún modo, aunque conozco a chicas jóvenes que todavía sufren acoso y agresiones en las calles. Quizá el que me espabilara en el espacio urbano constituyó un factor importante: aprendí a mostrar respeto y reconocimiento por las personas con quienes me encontraba y a no involucrarme en los dramas de nadie, a ser elástica en las calles, a moverme con desenvoltura sin enredarme ni apresurarme. Los hombres blancos callaron. Los comentarios de los hombres negros de mi barrio se volvieron todos cordiales, como habían sido siempre algunos, e intentaba responderles con frases agradables y disfrutaba de las interacciones.

Publiqué textos breves y reseñas y luego artículos más largos y ensayos más ambiciosos. Escribí un libro, seguido de otro más ambicioso y de otro en la misma línea, y después mi historia del caminar, *Wanderlust*, que salió a la luz en 2000, la primera obra por la que recibí un anticipo que se aproximaba a un salario digno, la primera que gozó de una difusión amplia. Cada libro respondía la pregunta con la que lo empezaba y hacia el final generaba otros interrogantes. Con la historia del caminar sentí curiosidad por dos temas que exploré en los que se convertirían en mis dos libros siguientes.

Escribí *A Field Guide to Getting Lost* para ahondar en ideas sobre el deambular y el aventurarse en lo desconocido, sobre la aceptación del misterio esencial que encierran las cosas y sobre la pérdida. No estaba segura de si llegaría a mostrárselo a alguien, de si lo acabaría, de si sería publicable o de si querría publicarlo. Al final lo saqué a la luz y tuvo una vida discreta al principio y más interesante después, a medida que la gente lo descubría y lo citaba y algunos artistas creaban obras en respuesta a él.

El segundo de los dos libros que surgieron de *Wanderlust* trataba del cambio tecnológico y de la incorporeidad que acompañó a la posibilidad de trascender el tiempo y el espacio gracias a las máquinas, y se centraba en Eadweard Muybridge, el fotógrafo británico que sentó las bases de las películas de cine (y documentó San Francisco, donde vivió buena parte de sus años de plenitud, cuando asesinó al amante de su esposa, hizo algunas de las mejores fotografías de paisajes y panorámicas del siglo XIX, y con la fotografía secuencial a gran velocidad transformó el conocimiento que sobre los seres humanos en movimiento se tenía en la ciencia y el arte).

En la primavera de 2003, por la época en que se publicó el libro sobre Muybridge, algo más cambió en mi trabajo. En parte se debió a que asistí a conferencias de Barry Lopez y Terry Tempest William y a que conocí a Susan Sontag. Me pregunté por qué yo, pese a escribir sobre política de diversas maneras, no hablaba de forma tan directa como Sontag acerca de lo que aparecía en los medios de información, o como Barry y Terry respecto a lo que subyacía en las noticias, los terrores, anhelos e ideales que impulsaban a nuestro público y a nuestro yo íntimo. Además, empezaba a reunir relatos que ilustraban la evolución de mis ideas sobre cómo cambia el mundo, dónde reside el poder y qué motivos hay para la esperanza.

Otro de mis encontronazos atroces y divertidos con hombres blancos mayores me ayudó a engarzar ese conjunto de ideas en el ensayo «Esperanza en la oscuridad», de mayo de 2003, y el libro del mismo título publicado en 2004. Un día de la primavera de 2003 mi obra se presentó en un coloquio universitario con un hombre que lanzó un extenso ataque *ad hominem* contra mí, mis motivaciones y mi optimismo. Había llegado a ese optimismo cuando llevaba a cabo un proyecto de retorno en el Parque Nacional de Yosemite. En 2001, con los artistas Mark Klett y Byron Wolfe, me había aventurado a refotografiar las fotografías de Eadweard Muybridge de aquel lugar y me había percatado de lo que había cambiado desde que él las había hecho, en 1872. Nuestro proyecto creció hasta convertirse en un estudio más amplio de los primeros fotógrafos, tanto modernistas como victorianos, y de lo que había cambiado y no había cambiado desde la época en que vivieron. El análisis me aportó un sentido magníficamente complejo del cambio como algo que no se produce a un ritmo predecible, sino que varía sobremanera de un sitio a otro y de una entidad a otra: al cabo de más de un siglo aún se reconocían algunos árboles, y algunas disposiciones de rocas no se habían modificado en todo ese tiempo, mientras que el río Merced había alterado su curso, los bosques habían devorado los prados y habían desaparecido algunos elementos alabados en el pasado.

Pensé que había acudido al lugar para contemplar el cambio operado en un período de ciento treinta años, pero me sorprendió observar hasta qué punto había cambiado en menos de una década desde que lo había explorado para *Savage Dreams*. Los pueblos nativos habían conquistado algunos derechos y una representación mucho mayor en el parque. Antes de la llegada de los blancos, encender fuegos era una de sus técnicas de gestión de la tierra, y el Servicio del Parque por fin había aceptado que el fuego formaba parte de la ecología del lugar después de un siglo de tenerlo prohibido. Y los visitantes del parque eran mucho más diversos desde el punto de vista étnico; la sensación de que una cosmología había arrinconado a otra empezaba a dejar paso, o eso me pareció, a la idea de coexistencia de muchas cosmovisiones y a una importante adaptación de la eurocéntrica para reconocer —de forma imperfecta, incompleta, pero algo es algo— los derechos y la presencia de los norteamericanos indígenas. California iba camino de convertirse en un estado de mayoría no blanca, y aquella vez encontré en el parque indicios prometedores.

Esa fue la visión optimista que presenté en la universidad, donde durante más o menos media hora el académico arremetió contra mis motivaciones y mi carácter delante de las estudiantes que me habían acompañado, alumnas del curso de escritura que yo impartía en una facultad de arte. El hombre se aferraba a su narrativa de que todo empeoraba, a su desesperanza (y, según me contaron amistades comunes, se sentía molesto porque mis publicaciones no paraban de aumentar). Me consternó haber llevado, a instancias del decano, a aquellas jóvenes para que escucharan un discurso elevado, y que en cambio tuvieran que oír aquello. No paré de pensar en el incidente hasta un par de días después, cuando me levanté antes del alba, volví a la vieja mesa junto a la ventana saylediza del este y escribí hasta que el sol salió y un cuervo se posó en los cables del teléfono del otro lado del cristal y quedé satisfecha con mi defensa preliminar de las razones para el optimismo. «Gracias por asistir hasta el final a mi, ejem..., interesantísimo coloquio, y gracias en especial a Maggie y Kristina por las muecas de aliento desde un extremo de la sala —les escribí—. En mi opinión, el tema fundamental es qué tipos de crónicas históricas podemos imaginar y contar.»

El conflicto académico sobre mis ideas había tenido lugar trece días antes de que la guerra de Irak comenzara con una lluvia de bombas norteamericanas el 20 de marzo de 2003. Ese mismo año había reunido a un grupo de amigos —un excombatiente de la guerra del Golfo, un cantante amigo mío desde la época del Emplazamiento de Pruebas de Nevada, un budista cubano gay, un astrofísico, una abogada especializada en violencia doméstica— bajo el nombre de BADASS, siglas en inglés de Sociedad Secreta de Acción Directa del Área de la Bahía. Formábamos parte de un movimiento mundial que el mes anterior había convocado la manifestación más multitudinaria de la historia, en millares de lugares, en cientos de países, en los siete continentes. Nos vestimos de superhéroes, nos vestimos con ropa informal pero arreglada, nos vestimos de blanco con máscaras del mismo color y caras de niños iraquíes sobre el pecho, nos vestimos de negro. Nos manifestamos, hicimos teatro callejero, cantamos; luego las bombas empezaron a caer y, horrorizados, ayudamos a cerrar el distrito financiero de la ciudad.

Al cabo de muchos años Natashia Deón, que en aquel entonces era abogada de empresa y vivía en un rascacielos cerca de ese distrito, me contó algo. Uno de los días de protesta más masiva bajó de su torre para comprar un refresco, miró las multitudes del bulevar y se preguntó qué estaba haciendo con su vida. Decidió cambiarla. Se convirtió en una abogada que defiende a los indigentes, con pasión, y más tarde, unos años después de que nos hiciéramos amigas, en una novelista de éxito. Lo que me contó al cabo de los años era el tipo de historia que yo había recopilado para defender que no podemos dar por sentado que sabemos por qué es importante lo que hacemos. Al menos no podemos declarar el fracaso en el acto, pues las consecuencias no son siempre directas, inmediatas ni evidentes, y las consecuencias indirectas son importantes.

Cuando se inició el bombardeo de Bagdad, algunos amigos junto a los que me había manifestado y otras personas de mi entorno dedujeron que, como no habían detenido la guerra, no habían conseguido nada, y en ocasiones incluso llegaron a pensar que nunca habían conseguido nada, de que carecían de poder y de que estábamos todos condenados al fracaso. La desesperanza se convirtió en una máquina que machacaría cuanto se le echase. Eso me animó a trabajar con mayor ahínco en la defensa de la esperanza que estaba creando. Me había dedicado a recopilar de forma no sistemática fragmentos y ejemplos, y al día siguiente del ataque en el foro universitario escribí aquella carta en defensa de la esperanza para enviársela a algunas personas que habían asistido al coloquio. A menudo la discrepancia incita a las aclaraciones, al menos en mi caso, y puede ser útil incluso cuando su intención es combativa. La mitad de mis musas han sido detractoras.

Tras el estallido de la guerra trabajé como en trance durante tres o cuatro días hasta entrada la noche para estructurar el material en el ensayo «Esperanza en la oscuridad». Anécdotas y ejemplos acumulados durante años encontraron de pronto una forma en la que encajar, y esa forma fue la defensa de la esperanza. En parte era material reciclado de la carta dirigida a mis alumnas. Fue el primer texto que publiqué exclusivamente en internet y el más viral de los que había escrito hasta entonces; lo recogieron semanarios alternativos, un diseñador gráfico lo editó en forma de folleto y se reenvió una y otra vez por correo electrónico, en aquella época en que aún no existían los medios sociales.

Argumentaba que teníamos mucho poder, una historia de victorias olvidadas e infravaloradas; que, pese a que en algunos aspectos había empeorado, la perspectiva más amplia —sobre todo para quienes no eran varones, heterosexuales ni blancos— mostraba una mejora sustancial en nuestros derechos y roles, y que era imposible conocer por adelantado las consecuencias de nuestros actos. A menudo no se conocían poco después y en ocasiones tampoco más adelante, puesto que los grandes movimientos, estrategas e idealistas a veces provocan repercusiones indirectas en otras épocas, luchas y lugares. Había visto cómo gracias a la acción directa los países de la Europa del Este se liberaban de sus gobiernos totalitarios en 1989; había visto cómo la insurgencia zapatista emergía de la selva lacandona en 1994; había visto cómo el gobierno de Canadá creaba en 1999 el amplio territorio de Nunavut, regido por indígenas; había visto cosas que nunca hubiera soñado que fueran posibles. En 2004 convertí el ensayo sobre la esperanza en un librito, que en los años siguientes se publicó en docenas de países e idiomas.

Mi interlocutor universitario me había acusado de ofrecer paliativos por razones de marketing, cuando en realidad yo había querido dar ánimo, palabra que, pese a llevar el estigma de lo amable, significa infundir valor. Ánimo no para que la gente se sintiera bien, sino para que se sintiera fuerte. Con el tiempo comprendería que lo que estaba haciendo podía describirse igualmente como hurtar la mejor excusa para no hacer nada: que no tenemos poder y que nada de lo que hagamos importa. Fomentaba la sensación de que existían posibilidades y disentía de muchos de los relatos más conocidos en los que la desesperanza y el cinismo —esa misteriosa fórmula en que el exceso de seguridad acerca del resultado socava la voluntad de desempeñar un papel— justifican la no participación. Se había producido un cambio profundo gracias al cual me sentía capaz de modificar mentalidades y responsable de velar por los corazones. La sensación de impotencia y desconexión había desaparecido y la había reemplazado la sensación de posibilidades respecto a mi capacidad y mi papel y a cómo operan los cambios.

En los años siguientes me convertí en escritora política. Escribía ensayos en respuesta a los acontecimientos que se desarrollaban y a las situaciones crónicas y los difundía en un sitio web que se recogía en sitios de noticias de todo el mundo. A menudo eran las cosas peores, de las que discrepaba o que me indignaban, lo que me impulsaba a escribir, aunque también escribí mucho sobre lo que amaba..., y me oponía a lo que me oponía porque perjudicaba o amenazaba con perjudicar aquello que amaba. Y un día escribí algo con la misma naturalidad con que había escrito todo hasta entonces y eso adquirió una desenfrenada vida propia. Todos mis textos anteriores habían tratado de temas que elegía y abordaba de manera deliberada, pero el feminismo me eligió a mí, o bien fue un hecho al que no pude sustraerme.

3

En aquella época solía encabezar los correos electrónicos dirigidos a Tina con un informe meteorológico, ya que se había ido a vivir muy lejos al aceptar un puesto de profesora y añoraba el Área de la Bahía. Llevábamos años escribiéndonos casi a diario, en ocasiones más de una vez al día. El 24 de marzo de 2008 seguíamos comunicándonos con el mensaje del 20 de ese mes, encabezado con las palabras LUNA LLENA, EQUINOCCIO, DÍA HERMOSO PERO FRÍO. La noche del 24 le escribí de nuevo con otro encabezamiento: TENUES CIRROCÚMULOS ALARGADOS ANTES DEL ATARDECER.

Dos años antes había dejado el estudio esquinero para trasladarme a una buhardilla más espaciosa situada seis manzanas al sur. Mi amiga Marina acababa de venirse a vivir conmigo huyendo de quien pronto sería su horrible ex, y yo estaba encantada de tenerla a mi lado. Ya éramos buenas amigas cuando aquel invierno yo había recibido un diagnóstico inquietante, el cual implicó una operación grave a la que me había sometido hacía unas semanas, por lo que las dos nos acurrucábamos en casa, convalecientes, cada una a su modo. Ella era una de esas personas con quienes la conversación, una vez iniciada, rueda y fluye por sí sola, con chistes y risas mezclados con análisis de ideas y hechos, aspiraciones y sentimientos; la conversación con la que siempre he soñado.

Una amiga con quien charlar en persona, una amiga a la que escribir todos los días. Fue una época dura, y hay quejas en los mensajes electrónicos que mandaba a Tina, pero había llegado a un punto en que mi vida social era lo único que deseaba. Marina, que en general tenía un destello como de pájaro en los ojos, vivacidad, una calidez afectiva excepcional y una brillante mente política, había estado apagada tras su separación, hasta la noche de los tenues cirrocúmulos alargados. Gracias al correo electrónico (a Tina también le gustaban las descripciones de platos), sé que preparé para cenar pasta, alcachofas y verduras compradas en el mercado de agricultores del Centro Cívico; que invité a mi hermano menor —también buen amigo de Marina— a pasar por casa y que acudió después de participar en una manifestación en que se encendieron cuatro mil velas por las víctimas de una masacre; que bebimos una botella de vino tinto, y que bajo el apacible efecto de este Marina recuperó su chispa y su vitalidad.

El correo de los cirrocúmulos no mencionaba que aquella noche yo había hablado en broma, como otras muchas veces desde hacía años, de escribir un ensayo titulado «Los hombres me explican cosas». Lo saqué a colación mientras cenábamos en mi mesa de roble con alas abatibles y enormes patas que parecían jarrones, una mesa de comedor que había comprado a la anciana pareja de lesbianas que vivían al lado. Cuando lo dije, Marina me exhortó encarecidamente a escribirlo y comentó cuánto lo necesitaban las jóvenes como su hermana.

Al cabo de muchos años, en el apartamento donde ahora vivo, me senté a otra mesa, esta vez de cocina, con una actriz de cine que me había visitado para hablar conmigo de feminismo. Al día siguiente me mandó un enorme ramo de flores con una tarjeta en que citaba lo que más le había gustado de lo que yo había dicho: «No eres tú, es el patriarcado», que quizá sea uno de los mensajes básicos del feminismo. Es decir, a nosotras no nos pasa nada; le pasa al sistema que nos avasalla y nos dice que somos inútiles e incompetentes, que no somos dignas de confianza y no valemos nada, que estamos equivocadas. En las anécdotas que conté Marina captó la posibilidad de decírselo al mundo o a algunas mujeres en él, y consideró que debían escucharlo.

Yo era madrugadora, Marina necesitaba recuperar el sueño atrasado y la buhardilla solo constaba de dos habitaciones grandes. En la del oeste estaban la cocina y el sofá cama donde dormían los invitados; en la del este, mi dormitorio y mi despacho, con una larga mesa empotrada sostenida en el centro por la vieja mesita de patas ahusadas. Así pues, el 25 por la mañana, en lugar de perturbar el descanso de Marina, me senté una vez más a esa mesa y cumplí sus órdenes. El ensayo surgió sin esfuerzo o, mejor dicho, salió a borbotones al parecer por sí solo. Cuando eso sucede, significa que los pensamientos llevan tiempo gestándose y que la escritura es tan solo el nacimiento de lo que iba tomando forma sin que se viera. En gran medida la tarea de escribir se realiza cuando aparentemente no estamos trabajando, y la lleva a cabo una parte de nosotras que quizá no conozcamos ni controlemos, y cuando el trabajo surge de este modo nuestra labor consiste en quitarnos de en medio.

Lo que escribí me sorprendió porque, cuando había bromeado la noche anterior, no había relacionado el hecho de que los hombres me explicaran cosas con lo que escribiría aquella mañana. El principio del ensayo es cómico: un incidente de hacía cinco años, en el que un hombre me interrumpe para explicarme un libro mío y por un momento se queda estupefacto al darse cuenta (cuando mi compañera por fin logra meter baza) de que yo, la persona a la que él ya ha desestimado y convertido en su público, soy la autora de ese libro «realmente importante» acerca de Muybridge sobre el que está perorando.

En ocasiones algunas personas me han llamado la atención por considerar que equiparo indignidades leves y delitos graves, personas que no entienden o prefieren no entender que, en muchos temas, al hablar nos situamos dentro de una gradación; es posible distinguir los diferentes puntos de la escala, pero lo importante es que se trata de una única escala. Obligar a las personas negras a beber de fuentes de agua distintas y lincharlas son hechos de diferente grado y tipo, pero ambos surgen del mismo esfuerzo por imponer la segregación y la desigualdad, y eso casi nadie tiene dificultades en entenderlo.

Desde la publicación del ensayo que escribí aquella mañana he sabido de abogadas, científicas, médicas, especialistas en diversos ámbitos, deportistas y montañeras, mecánicas, albañiles, técnicas de cine y otras mujeres que han recibido explicaciones sobre su área de conocimiento por parte de hombres que no tenían la menor idea de lo que hablaban, pero que consideraban que el mundo estaba tan organizado que el saber era inherente al varón y su ausencia inherente a la mujer; que escuchar era nuestra obligación y estado natural, y perorar, su derecho; tal vez que nuestra tarea consiste en permitir que el sentido del yo de ellos se expanda mientras el nuestro se marchita; que la asimetría en cuanto a quién controla los datos se aplica a todo, desde los temas intelectuales hasta lo que acaba de suceder, y socava la capacidad de las mujeres para hacer casi cualquier cosa, como por ejemplo, a veces, sobrevivir.

El ensayo empieza con esa anécdota divertida acerca del hombre que me habló del libro realmente importante sobre

Muybridge. La siguiente anécdota de mi vida que se cuenta en el ensayo era distinta:

> Cuando yo era muy joven y justo empezaba a entender de qué iba el feminismo y por qué era necesario, tuve un novio cuyo tío era físico nuclear. Unas navidades, este relataba —como si fuese un tema divertido y liviano— cómo la mujer de un vecino de su zona residencial de adinerados había salido corriendo de casa, desnuda, en medio de la noche, gritando que su marido quería matarla. «¿Cómo supiste que no estaba intentando matarla?», le pregunté. Él explicó, pacientemente, que eran respetables personas de clase media. Y por eso el que «su marido intentase asesinarla», simplemente, no era una explicación plausible para que ella abandonase la casa gritando que su esposo la estaba intentando matar. Por otro lado, ella estaba loca...*

La misma suposición de que una es incompetente en su área de conocimiento tal vez implique que se la considere incompetente para saber si alguien intenta matarla. El resultado de esta suposición ha sido la muerte de muchas víctimas de violencia doméstica y de acoso. El ensayo condujo a sitios a los que yo no sabía que me dirigía.

Soy una mujer que cuando una amiga poeta le habló de un incidente con una monja en una escuela católica como «la única vez que me han pegado», se quedó estupefacta intentando imaginar una vida tan protegida y tranquila como la de la amiga en ese aspecto. Soy hija de un hombre que se creía con derecho a golpear a las mujeres y los niños y que los golpeaba, igual

---

* Rebecca Solnit, *Los hombres me explican cosas*, traducción de Paula Martín Ponz, Madrid, Capitán Swing, 2016. *(N. de la T.)*

que hizo su padre antes que él, y de una mujer que durante veinte años no tuvo o creyó que no tenía a quién acudir contra ese hombre ni ningún lugar donde presentar una queja. Soy una mujer que en los primeros años de su adolescencia tuvo que aprender a escaparse, escurrirse y esfumarse cuando los hombres adultos la perseguían, porque en aquella época era inconcebible que tuviera derecho a decirles que la dejaran en paz, o incluso que fuera seguro decirlo y que ellos tuvieran la obligación o el deseo de hacerle caso. Soy una mujer que durante su juventud creyó probable que la violaran y tal vez también que la asesinaran, y he vivido toda mi vida en un mundo con mujeres violadas y asesinadas a manos de desconocidos por ser mujeres, y violadas y asesinadas a manos de hombres conocidos por hacer valer sus derechos o simplemente por ser mujeres, un mundo donde esas violaciones y asesinatos persistían de manera lasciva en el arte. Soy una mujer a la que en momentos críticos le han dicho que no era creíble, que estaba confundida y que no era capaz de trabajar con datos. Y en todos esos aspectos soy normal. Al fin y al cabo, vivo en una sociedad donde son corrientes los protocolos de violación en los hospitales, el mes de concienciación sobre el acoso sexual en los campus universitarios, los refugios contra la violencia doméstica donde se supone que mujeres y niños se esconden de maridos y padres.

Y soy una mujer que se convirtió en escritora y de ese modo consiguió cierto prestigio escribiendo sobre otros temas, desde el arte a la guerra, y en ocasiones intentó aprovechar ese prestigio para dar espacio a la voz de otras personas. Soy una mujer que una mañana escribió un ensayo titulado «Los hombres me explican cosas», el cual trata de que el moderado menosprecio que implica que un cretino que ignora que no sabe de qué habla o a quién se dirige nos explique nuestra disciplina se encuentra dentro de una escala, y que el otro extremo de esa escala está lleno de muerte violenta.

Imprimí una versión de ese ensayo para dejarlo en la mesa junto al café de Marina y mi té cuando desayunamos un par de horas después, y a las 10.42 se lo envié a trece amigas, entre ellas Tina, en un correo electrónico cuyo encabezamiento también decía LOS HOMBRES ME EXPLICAN COSAS. La versión de aquella mañana tenía unos pocos ornatos superfluos que se podaron antes de la publicación, incluido —lo que me sorprende al verlo ahora— un epígrafe de la «Oda a un ruiseñor», de Keats, pero se parece mucho al ensayo que publiqué en internet y a la versión abreviada que salió en *Los Angeles Times* al cabo de unas semanas.

Había escrito sobre mis experiencias y percepciones, que resultaron tener mucho en común con las de otras mujeres. Enseguida se volvió viral y a lo largo de los años consiguió millones de visitas en el sitio web *Guernica* porque las experiencias y situaciones descritas eran brutalmente corrientes y no se admitían en suficiente medida. Es muy probable que no haya hecho nada con tanto impacto como ese texto que escribí de una sentada aquella mañana. Dio título a una antología de ensayos feministas míos publicada en 2014 que se convirtió en un superventas en Corea del Sur y lo fue durante años en Estados Unidos, además de ver la luz en otros idiomas como el danés, el español y el farsi.

Poco después de su publicación llevó a una comentarista anónima de la web *LiveJournal* a acuñar el término *mansplaining*.* La palabra hizo fortuna y en 2014 entró en el *Oxford*

---

* Vocablo compuesto de *man* («hombre») y *explain* («explicar»). Se ha adaptado como «machoexplicación», que fue la quinta candidata a palabra del año 2017 para la Fundéu. *(N. de la T.)*

English Dictionary; hoy en día es muy conocida y usada en inglés, existe en docenas de idiomas y ha generado gran número de variantes, como *whitesplaining*,* (que a menudo se me atribuye, aunque no la acuñé yo). Además, infundió ánimo, de lo que me enorgullezco. Al poco de publicarse el ensayo, una escritora muy famosa se lo envió a un conocido comentarista, misógino beligerante, con el siguiente mensaje: «Leer este espléndido ensayo de Rebecca Solnit me recordó algo que tenía intención de decirte desde hace mucho, mucho tiempo. Vete a tomar por culo». E impulsó a una joven que conocí a divorciarse.

Me han emocionado y conmovido las jóvenes que se han acercado a mí para decirme que algo de lo que he escrito las ayudó a encontrar su poder y su valía y a rechazar el sometimiento. En realidad, una ignora qué hace cuando escribe, pues depende de cómo los demás la lean, y hay aspectos en que conocer los deseos e intereses de la gente puede guiarla por sendas familiares, y aspectos en que no saber puede llevarla a deseos e intereses que ignoraba que existían y de los que en ocasiones sus lectores tampoco eran conscientes. Hay una frase budista relativa a la tarea de los bodhisattvas: «la liberación de todos los seres». Entiendo el feminismo como un subconjunto de esa tarea.

* «Blanquiexplicación.» *(N. de la T.)*

4

Se supone que la voz de una escritora es solo suya. Es lo que la vuelve reconocible e inconfundible, y no es del todo el estilo ni tan solo el tono y el tema; tiene que ver con su personalidad y sus principios, dónde sitúa el humor y la seriedad, en qué cree, por qué escribe, sobre quién y sobre qué escribe y para quién escribe. Sin embargo, los temas feministas que pasaron a constituir la parte principal de mi obra después de «Los hombres me explican cosas» a menudo se expresan con las voces de otras mujeres que hablan de la supervivencia, son para ellas y giran en torno a ellas.

Esa obra mía a veces incluye un coro y a veces se incorpora a uno. Cuando una persona se dedica al trabajo creativo, con frecuencia la inmortalidad se presenta como un ideal. Se supone que aspira a crear algo que se reconocerá y que, como dicen, «mantendrá vivo su nombre», y es cierto que las palabras viven cuando alguien las lee o las oye. No obstante, de los artistas sobre los que he investigado y escrito y de los movimientos que han cambiado la cultura he aprendido que hay dos formas de hacer aportaciones importantes. Una es crear una obra que sea visible a los ojos de la gente; la segunda es crear una obra que se asimile tan profundamente que deje de ser lo que la gente ve y se convierta en cómo ve. Ya no está delante de ellas; se encuentra en su interior. Ya no se trata de la artista; se trata de la gente, que ya no es solo el público.

Obras de arte que impactaron en su época parecen anticuadas o transparentes porque lo que tenían de novedoso o insurreccional se ha incorporado a la normalidad, a cómo montamos las películas, concebimos la historia, la naturaleza o la sexualidad, o entendemos los derechos y sus violaciones. Por tanto, el punto de vista de una persona o de unas pocas se convierte en la perspectiva de muchas. Las obras se han vuelto anticuadas debido a su éxito..., por lo que la relevancia de buena parte de la literatura feminista del siglo XIX nos recuerda de manera sombría que, si bien hemos avanzado mucho, no hemos avanzado lo suficiente.

En ocasiones he pensado que la inmortalidad es una idea de desierto, nacida en los fanatismos monoteístas del desierto, donde una cicatriz o un tesoro pueden durar millares de años, donde unos pastores beduinos pueden sacar de un recipiente encontrado en una cueva los Manuscritos del Mar Muerto unos dos mil doscientos años después de que los depositaran en ella, incluido el libro de Isaías, que nos recuerda que «toda carne es hierba». En los sitios húmedos todo se pudre, y gran parte de lo que se descompone va a la tierra, y esa tierra nutre una vida nueva, y quizá lo mejor que puede hacer la obra de creación sea convertirse en compost de la tierra para que, olvidada, se transforme en alimento de una nueva época o, mejor dicho, para que, devorada, digerida, se transforme en la mismísima conciencia de esa época. El mármol perdura, pero la tierra da alimento.

Mi vida ha abarcado una revolución contra los viejos autoritarismos. Como reacción ante las crisis de la lluvia radiactiva y los pesticidas de finales de los años cincuenta y principios de los sesenta, la gente corriente puso en tela de juicio la autoridad de los científicos al servicio del ejército y de la industria química; después el incipiente movimiento ecologista planteó preguntas más generales sobre el antropocentrismo, el capitalismo, el consumismo, las ideas de progreso y el dominio de la naturaleza. Los movimientos de justicia racial cuestionaron la centralidad de la blanquitud; los movimientos de liberación de gais y lesbianas cuestionaron la centralidad de la heterosexualidad, y el feminismo puso en duda el patriarcado (y, cuando tuvimos suerte, esos bulevares se cruzaron). En realidad, eran más que cuestionamientos; eran exigencias de cambio y de redistribución del poder y del valor.

El cambio es el indicador del tiempo, y a menudo se consideró que esos movimientos no habían conseguido objetivos concretos o a corto plazo, pero con frecuencia modificaron a largo plazo las premisas con las que se adoptaban decisiones y se interpretaban los hechos, así como la manera en que la gente se imaginaba a sí misma y a los demás, sus posibilidades, sus derechos y la sociedad. Y quién decidía, quién interpretaba, qué era visible y audible, la voz y el punto de vista de quién eran importantes.

En 2008, cuando escribí aquel ensayo, el feminismo vivía un período de calma. Muchas cosas avanzan como lo ha hecho el feminismo en los últimos años, con una pauta imprevisible de cambio gradual, estancamiento o regresión, salpicados de crisis repentinas en que las circunstancias y la imaginación colectiva se modifican a gran velocidad. En el caso del feminismo, esos estallidos a menudo han tenido lugar en torno a una noticia dramática. En 2012 las activistas contra la violación en los campus universitarios estadounidenses empezaban a volverse más visibles, audibles y eficaces; entonces se produjeron dos delitos que recibieron gran cobertura mediática —la agresión sexual en grupo a una chica desvalida de dieciséis años en Steubenville (Ohio) en agosto y la violación, destripamiento y asesinato de Jyoti Singh en un autobús de Nueva Delhi en diciembre— y algo cambió.

O algo había cambiado ya, porque esos eran casos horribles habituales que lograron una cobertura informativa extraordinaria, quizá porque ya había cambiado quién decide qué es noticia y desde qué perspectiva se cuenta. Por primera vez, según me parecía, esos casos se presentaron como representativos de una epidemia, cuando en el pasado esos delitos se habían presentado casi siempre como incidentes anómalos aislados que no suscitaban preguntas sobre lo común de esa violencia y cómo afecta a las mujeres en general. Cuando lo que se tolera mucho tiempo se considera de repente intolerable, es que una persona se ha vuelto audible y otra ha empezado a escucharla.

A principios de 2013 se rompió un dique. Detrás de él había millones de historias de mujeres relacionadas con la violencia sexual, una violencia que la inaudibilidad de estas, su falta de credibilidad y la irrelevancia de sus historias habían posibilitado. Se desbordaron torrentes de historias: en respuesta a la matanza por motivos misóginos de Isla Vista en 2014 a manos de un joven que odiaba a las mujeres y quería castigarlas porque no mantenían con él las relaciones sexuales a las que se consideraba con derecho; en respuesta a una estrella del deporte que golpeó a su novia y en respuesta a las mujeres a las que se desacreditó y atacó por hablar a las claras de un famoso que las había agredido; en respuesta a las revelaciones en 2017 de los abusos sexuales en la industria cinematográfica y luego en todos los demás sectores, desde la restauración a los campos agrícolas y las empresas tecnológicas, en medio de la convulsión denominada #MeToo, y después más allá de Estados Unidos, desde Islandia hasta Corea del Sur; en respuesta a una vista del Tribunal Supremo de Estados Unidos en 2018 en la que una mujer contó la agresión que había sufrido a los quince años y las secuelas del trauma, y recibió amenazas de muerte por haber hablado.

La brutalidad de lo que observábamos y la euforia por ser capaces de contarlo y por el poder que proporcionaba contarlo formaban una mezcla insólita, y quienes contaban las historias se liberaban y al mismo tiempo revivían su sufrimiento. De cada brecha salían en tropel tantas historias que parecía que todo lo oculto hubiera salido a luz, y luego se abría otra brecha y miles o cientos de miles de mujeres contaban su historia por primera vez.

La violencia contra los cuerpos había sido posible debido a una violencia contra las voces a una escala epidémica, colosal. El orden existente se basaba en el derecho y la capacidad de los hombres de tener el control: el control del significado y de la verdad, de qué historias eran importantes y las de qué personas se contaban, así como de fenómenos más tangibles (el dinero, las leyes, el gobierno, los medios de comunicación) que mantenían esa organización. Y se basaba en el silencio o el silenciamiento de las personas cuyas experiencias demostraban las ilegitimidades del *statu quo* y de quienes estaban en lo alto. Sin embargo, había cambiado algo fundamental. En muchos casos el cambio se entendió como un inicio, pero yo lo interpreté como la culminación del largo y lento proceso de difundir las perspectivas feministas y situar a más mujeres (y a hombres que las consideraban como iguales y dignas de crédito) en posiciones de poder como editoras, productoras, directoras, periodistas, juezas, jefas de organizaciones, senadoras.

El auge de los medios sociales y la multitud de foros nuevos en internet crearon espacio para muchas más voces, y estas amplificaron las historias particulares, aportaron su propio testimonio a la conversación y reforzaron el diagnóstico y la necesidad del cambio. Ese coro creó un ancho río cuya corriente llevaba voces particulares como la mía; en la medida en que el mundo ha cambiado, ha sido por un proyecto colectivo emprendido por muchos millones.

A menudo se da por sentado que el motor de una tarea como esa es la ira, pero la mayor parte del activismo está impulsado por el amor, algo de lo que una vida entre activistas me ha convencido. Además, aunque los remedios contra los traumas que con mayor frecuencia se ofrecen en nuestra privatizada sociedad son personales, hacer algo por y con los demás, algo que modifique las circunstancias en que se nos hizo daño, acostumbra ser una experiencia de conexión y poder que vence la sensación de aislamiento e impotencia que es esencial en el trauma.

Los textos sobre agresiones sexuales y misoginia han sido los más fáciles de escribir para mí, tal vez porque me impulsa una fuerza que resulta más difícil detener que desencadenar. Requiere una inmersión a fondo en delitos espantosos; durante muchos años, continuamente, he leído sobre violaciones a la hora del desayuno, sobre palizas y acoso en el almuerzo y he tenido asesinatos para cenar, he conocido muchos millares de historias de ese tipo, y sin embargo, como todo esto empieza a salir a la luz de una forma distinta, y como existe la posibilidad de transformar la situación y cambiar el poder, este impulso feroz se impone al horror y al terror, y quizá sea lo primero que lo consigue.

En el Emplazamiento de Pruebas de Nevada aprendí que hay que abordar las cosas peores enfrentándose directamente a ellas. Si huimos, nos persiguen; si no les hacemos caso, nos pillan desprevenidas. Enfrentándose a ellas encontramos aliados, poderes y la posibilidad de ganar. Así, en diversas ocasiones había intentado enfrentarme en mis textos a la violencia de género y darle nombre, hasta que al final hallé lo que llevaba mucho tiempo esperando: un movimiento mundial de mujeres que le hacían frente y creaban la conversación que necesitábamos.

Nuestra herramienta fundamental fue contar las historias. Señalamos con qué frecuencia se utilizan los mismos tropos, clichés y excusas, se hacen las mismas suposiciones, se protege y se cree a las mismas personas, se desacredita y castiga a las mismas personas. Desterramos las excusas de antaño, la culpabilización de la víctima y su banalización, y lo conseguimos poniendo de manifiesto las pautas e insistiendo, por ejemplo, en que la causa de la violación son los violadores, y no el alcohol, la vestimenta o el deseo de las mujeres de ir a sitios y charlar con gente. Por último, hablamos de acecho, acoso, agresión, violación, violencia doméstica y feminicidio como manifestaciones distintas de la misma misoginia. La conversación sobre el feminismo amplió y profundizó el conocimiento sobre cómo se produce el abuso sexual, por qué muchas veces las víctimas no lo denuncian y, cuando sí lo hacen, a menudo no las creen pese a que casi nunca mienten, y por qué rara vez se condena a los autores. Las intersecciones entre raza y género se enfocaron de maneras distintas, y lo mismo ocurrió con las analogías entre ambos, como por ejemplo las formas en que se autoriza la violencia racial al infravalorar a las víctimas, desacreditarlas, culparlas o no hacerles caso.

5

Desde la mañana en que redacté «Los hombres me explican cosas», me costó diez años y docenas de ensayos feministas darme cuenta de que, después de todo, no hablaba de la violencia contra las mujeres ni escribía acerca de ella pese a que leía sobre el tema sin cesar. Escribía sobre qué significa no tener voz y defendía la redistribución de ese poder esencial. La frase fundamental de «Los hombres me explican cosas» es «La credibilidad es una herramienta básica de supervivencia». Sin embargo, me equivocaba al decir que es una herramienta. Una herramienta es algo que asimos con las manos y utilizamos. Lo que haga dependerá de cada persona.

Nuestra credibilidad se deriva en parte del modo en que nuestra sociedad percibe a gente como nosotras, y hemos visto una y otra vez que, por muy creíbles que sean algunas mujeres según criterios supuestamente objetivos reforzados con pruebas, testigos y modelos bien documentados, las personas dedicadas a la protección de los hombres y sus privilegios no las creerán. La misma definición de las mujeres en el patriarcado está concebida para justificar la desigualdad, incluida la desigual credibilidad.

Aunque a menudo el patriarcado reclama el monopolio de la racionalidad y de la razón, las personas comprometidas con él despreciarán la historia más normal, coherente y verificable contada por una mujer y aceptarán cualquier relato fabuloso de un hombre, fingirán que la violencia sexual es minoritaria y las acusaciones falsas son corrientes, etcétera. ¿Por qué contar historias, si solo acarrearán otra tanda de castigo o menosprecio, o si no se les prestará atención, como si no significaran nada? Así funciona el silenciamiento preventivo.

Tener voz no implica solo la capacidad animal de emitir sonidos, sino también la posibilidad de participar plenamente en las conversaciones que configuran la sociedad, las relaciones con las demás personas y la vida propia. Hay tres elementos claves que son importantes a la hora de tener voz: audibilidad, credibilidad y relevancia.

«Audibilidad» significa que la persona es escuchada, que no se la obliga a callar ni se le impide el acceso a terrenos en los que pueda hablar o escribir (ni se le niega la formación para hacerlo ni, en la época de los medios sociales, se la acosa, amenaza y expulsa de la plataforma, como le ha ocurrido a mucha gente).

«Credibilidad» significa que, cuando la persona entra en esos terrenos, los demás están dispuestos a creerla, con lo cual no quiero decir que las mujeres nunca mientan, sino que los relatos deberían evaluarse según sus propios términos y contextos, en vez de por la afirmación patriarcal de que las mujeres no están en absoluto capacitadas para hablar, son sentimentales y no racionales, además de vengativas, incoherentes, delirantes, manipuladoras, indignas de que se les haga caso, calificativos que a menudo se lanzan contra ellas cuando dicen algo desafiante (aunque hoy en día se emplean las amenazas a modo de atajo, y algunas se cumplen, en particular contra las que abandonan a sus maltratadores, porque el silenciamiento puede darse en las conversaciones o puede ser un homicidio premeditado).

Ser una persona de «relevancia» es ser importante. Si la persona es importante, tiene derechos y sus palabras sirven a esos derechos y le conceden el poder de informar, cerrar un trato y establecer límites. Si tiene relevancia, sus palabras poseen autoridad para determinar qué le ocurre o no le ocurre, además del poder que subyace en el concepto de consentimiento como parte de la igualdad y de la autodeterminación.

Las palabras de las mujeres han carecido de relevancia incluso desde el punto de vista legal: antes del siglo XIX podían votar únicamente en unos cuantos lugares dispersos de la tierra, y no hace muchas décadas eran pocas las abogadas y juezas; en Texas conocí a una mujer cuya madre fue una de las primeras de la región en formar parte de un jurado, y yo ya era adulta cuando se nombró a la primera jueza del Tribunal Supremo estadounidense. Hasta hace unas décadas, en buena parte del mundo, incluido Estados Unidos, las mujeres casadas carecían del derecho a cerrar contratos, tomar decisiones económicas e incluso ejercer la jurisdicción sobre su cuerpo, que anularía la capacidad del marido para ejercerla; en algunas partes del mundo la mujer casada sigue siendo una propiedad según la ley y otras personas le eligen el marido. Ser una persona irrelevante, hablar sin tener poder alguno, es una situación desconcertante y atroz, como si una fuera un fantasma, como si las palabras murieran en su boca, como si el sonido ya no se propagara. Casi peor que estar callada es decir algo y que dé igual.

Se ha lesionado a las mujeres en esos tres frentes, al igual que a los hombres de color, y a las mujeres no blancas por partida doble. No se les ha permitido expresarse, se las ha castigado por hablar o se las ha excluido de los ámbitos —tribunales de justicia, universidades, parlamentos, redacciones de periódicos— donde se toman las decisiones. Se han burlado de ellas, o no las han creído o las han amenazado cuando han encontrado un lugar donde hablar, y ha sido una práctica habitual calificarlas de mentirosas por naturaleza, rencorosas, delirantes, confusas o simplemente incapaces. Y cuando hablan a las claras no es muy distinto de cuando permanecen calladas; cuentan sus historias y no sucede nada, porque sus derechos y su capacidad para declarar algo no importan, de modo que sus voces no son más que sonidos que se lleva el viento.

Esa falta de audibilidad, credibilidad y relevancia hace posible la violencia de género. Vivimos en una enorme contradicción: una sociedad que por ley y orgulloso amor propio afirma oponerse a esa violencia ha permitido mediante innumerables estrategias que continúe sin freno; ha protegido mejor y con mayor frecuencia a quienes la ejercen que a las víctimas, y ha castigado, humillado e intimidado a estas de forma sistemática por hablar, tanto en los casos de acoso en el trabajo como en los de violación en los campus universitarios y los de violencia doméstica. El resultado es que vuelve invisibles los delitos y convierte a las víctimas en personas inaudibles e irrelevantes.

La indiferencia hacia la voz de las mujeres que subyace en la violencia sexual es inseparable de la indiferencia con que topan después si acuden a la policía, a las autoridades universitarias, a su familia, a su iglesia, a los juzgados o al hospital para someterse a un protocolo de violación y no las escuchan, las desacreditan, las culpan, hacen que se avergüencen, no las creen. Son ataques a la plena humanidad de una persona y a su pertenencia a la sociedad, y la infravaloración en el segundo ámbito posibilita lo primero. Las agresiones sexuales solo pueden proliferar en situaciones de audibilidad, credibilidad y relevancia desiguales. Esta, más que ninguna otra disparidad, es una condición esencial para que se dé una violencia de género de carácter epidémico.

Cambiar quién tiene una voz con todo su poder y sus atributos no lo resuelve todo, pero cambia las normas, en particular las relativas a qué relatos se contarán y escucharán y quién decide. Uno de los indicadores de este cambio son los numerosos casos que hace años se pasaban por alto, no se creían, se rechazaban o encontraban una actitud favorable hacia los autores y que en el presente han tenido un desenlace distinto porque las mujeres o niñas que testificaron tienen mayor audibilidad, credibilidad y relevancia que en el pasado. El efecto de este cambio histórico que más costará calibrar será el número de delitos que no se cometerán porque las normas se han modificado.

Detrás de ese cambio hay transformaciones relativas a los derechos de quiénes importan, las voces de qué personas se escucharán y quiénes deciden. Amplificar y reforzar esas voces y promover el cambio fue una de las tareas a las que puse la voz que había adquirido como escritora, y ver que lo que otras personas y yo escribimos y dijimos ayudaba a cambiar el mundo me resultó gratificante en muchos sentidos como escritora y como superviviente.

Epílogo

Líneas de la vida

Un día de finales de 2013, en Nueva Orleans, estaba sentada a una mesa junto a Rebecca Snedeker, mi coeditora, oriunda de la ciudad, firmando libros para una larga cola de personas cuando una mujer tomó mi mano entre las suyas y se puso a leerme la palma. La obra era nuestro atlas de Nueva Orleans, el libro quince, dieciséis o diecisiete que yo publicaba, dependiendo de cómo se cuente. Había viajado a la localidad el fin de semana de la Pascua de 2006, medio año después del huracán *Katrina*, y me había implicado en las historias no contadas de la tormenta y sus repercusiones, en tratar de sacar a la luz ciertos delitos raciales; animé a los periodistas de investigación a estudiar esos delitos, acerca de los cuales escribí en un libro de 2009 sobre catástrofes y las extraordinarias sociedades que surgen de los escombros: *A Paradise Built in Hell*.

Había ido a Nueva Orleans para observar lo más feo de la ciudad: la pobreza, el racismo y cómo más de mil quinientas personas habían muerto por efecto de ambos en la ciudad inundada cuando primero se las abandonó y luego se las atacó y se les impidió evacuar la zona y recibir ayuda; habían muerto a causa de relatos que las demonizaban y deshumanizaban. Y me había enamorado de lo más hermoso de Nueva Orleans, como por ejemplo el que sus habitantes fueran diestros en estar en el aquí y ahora, en salir a los espacios públicos y saber dónde se encontraban, en divertirse en las calles y conectar con quienes los rodeaban y recordar el pasado que había determinado ese presente. Poseían un talento especial para valorar otras cosas más que la productividad y la eficiencia, las tristes cualidades que inducen a la gente a apresurarse dejando atrás a los demás y la cortesía y los placeres cotidianos.

Tal vez esa parsimonia fuera el motivo por el que una mujer tuvo la certeza de que podía detener el flujo de una cola larga de gente para leerme la mano; yo sabía que los de Nueva Orleans se tomarían el retraso con calma, de modo que le dejé la mano y apacigüé mi sentido de la obligación respecto a que las cosas deben avanzar. No creo en la quiromancia ni en ninguna otra forma de adivinación, pero sí en las historias que surgen por cualquier medio y en la capacidad de las personas desconocidas para ser mensajeras y espejos en los que vemos nuevas posibilidades. Sus palabras de despedida cuando me soltó la mano fueron: «A pesar de todo, es usted quien estaba destinada a ser»; palabras que guardé como si fueran un talismán.

«A pesar de todo», dijo, y lo interpreté como los obstáculos y las heridas comunes en billones de vidas. Conozco los profundos cambios a mejor que han experimentado algunas cosas y sé que, no obstante, muchas personas no son quienes estaban destinadas a ser porque los espejos deformantes del género les ofrecen un sentido del yo deteriorado o porque se han socavado sus derechos, sus capacidades o incluso sus condiciones de supervivencia. Soy incapaz de imaginar un ser humano totalmente indemne o la utilidad de imaginarlo, aunque no me cuesta nada imaginar que ciertos daños infligidos a mi género pueden reducirse o deslegitimarse. Por otro lado, considero que el proceso ya se ha iniciado, y que incluso oír que merecemos estar a salvo y ser libres e iguales puede infundirnos fuerza. Si soy a la vez feminista y optimista es porque conozco la profundidad de los cambios que se han producido en los derechos de la mujer y en su posición, en numerosos aspectos, en muchos países, desde que nací.

A los diecinueve años, Sylvia Plath se lamentaba de lo siguiente: «Quiero hablar con todas las personas que sea posible y profundizar todo lo que sea capaz. Me gustaría poder dormir a cielo abierto, viajar al oeste, pasear libremente por las noches», pero se sentía incapaz de hacerlo debido a su género. Nací treinta años después, y tanto vosotras como yo hemos tenido más suerte. He viajado por el oeste, he dormido en praderas montañosas, en desiertos, al pie de desfiladeros, a orillas de grandes ríos del sudoeste y del Ártico, he recorrido sola enormes distancias en coche, he paseado por muchas ciudades y enclaves rurales por la noche, he participado en organizaciones con rebeldes, he cortado calles, he conocido a héroes, he escrito libros, he animado a activistas, he tenido las amistades y conversaciones que había anhelado en mi juventud, alguna que otra vez he salido en defensa de aquello en lo que creía y lo he apoyado lo suficiente para ver la evolución del cambio a lo largo del tiempo, de formas aterradoras en lo referente al cambio climático y en ocasiones alentadoras en lo tocante a la política cultural. Y puedo decir sin temor a equivocarme que soy una persona lacerada y miembro de una sociedad que nos hace daño a todos y a las mujeres de un modo particular.

Pueden contarse infinidad de historias acerca del daño. Hace poco me topé con una en un ensayo sobre fotografías de la destrucción medioambiental. Las imágenes mostraban el Carlin Trend, el cinturón de partículas microscópicas de oro que cruza las tierras de los shoshones occidentales, incluidas las del rancho de Carrie y Mary Dann, y que, si Nevada hubiera sido una nación independiente, la habría convertido en el cuarto o quinto país productor de oro del planeta. Había visitado las minas: enormes pozos capaces de tragarse ciudades; heridas de las que se bombeaba agua para que la gigantesca maquinaria siguiera cavando más hondo mientras se pulverizaban montañas enteras, se extraían otros metales pesados y se derramaba en la tierra agua mezclada con cianuro para lixiviar el oro a fin de que empresas extranjeras cosecharan beneficios y personas de lugares lejanos adornaran su cuerpo. La valiosa agua del desierto se despilfarraba, se envenenaba y luego se vertía en lagos artificiales donde morían los pájaros que se posaban en ellos. Al conocer aquellas minas aborrecí el oro.

Las fotografías se acompañaban de un ensayo en el que se reproducía una cita de un escritor que había trabajado ocho temporadas en la Antártida. Jason C. Anthony abordaba las deficiencias nutricionales comunes entre los marinos y exploradores polares del pasado y sus causas: «Sin vitamina C no podemos producir colágeno, componente fundamental de los huesos, cartílagos, tendones y otros tejidos conjuntivos. El colágeno venda nuestras heridas, pero esa venda se cambia continuamente a lo largo de la vida. En consecuencia, en casos de escorbuto avanzado las heridas que se creían cerradas desde hacía tiempo reaparecerán por arte de magia y de forma dolorosa».

Podemos interpretarlo como una afirmación de que nunca nos recuperamos de nada, aunque quizá sea más lógico entender que nos recuerda que, aunque el daño no tiene por qué ser permanente, tampoco lo es el remedio. Lo que se conquista, se cambia o se repara debe mantenerse y protegerse, pues de lo contrario se perderá. Lo que avanza puede retroceder. La eficiencia dicta que el dolor siga una hoja de ruta y que las cosas se superen para que luego exista esa palabra que se aplica tanto a las heridas como a las mentes: «cierre». Sin embargo, el tiempo y el sufrimiento son más fluidos e impredecibles, se expanden y se contraen, se cierran, se abren y cambian.

Avanzamos hacia algo que nos hizo daño, o nos alejamos de ello, o lo bordeamos, o bien algo o alguien nos lo recuerda; ese deslizamiento en el tiempo, como si la escalera a la que salimos se hubiera convertido en una cascada, es el desorden del trauma y la noción temporal que este impone. Sin embargo, en ocasiones revisamos el pasado, como he hecho en este libro, para trazar la distancia recorrida. Hay cierre y reapertura, y a veces algo se reabre porque podemos aportarle algo nuevo, repararlo de otra forma, al entenderlo de una manera distinta. A veces el significado del principio del relato cambia al añadir nuevos capítulos.

El daño genera un destino diferente del que, de otro modo, se hubiera tenido, pero no excluye la posibilidad de llevar una vida ni de hacer cosas importantes. A veces justo a causa de algo terrible (no a pesar de ello) una persona se convierte en quien está destinada a ser y se pone manos a la obra con lo que está destinada a hacer. No entendí «destinada a» como si no hubiera daño, sino que interpreté que este no me había impedido hacer lo que había venido a hacer. Y parte de mi obra trata de ese daño, ya que es extensivo a muchas de nosotras. A menudo me he preguntado qué habrían sido las personas que trabajan por la justicia y los derechos de haber nacido en un mundo sin injusticias ni privación de derechos. ¿Qué habría sido Martin Luther King en una sociedad no racista, o Rachel Carson en una Norteamérica no contaminada? A menos que los imaginemos en un mundo sin dolor ni menoscabo, quizá hubieran encontrado otras heridas que tratar de curar. Con frecuencia se describe el paraíso como un lugar sin nada que hacer, sin exigencias para sus habitantes. No deseo un paraíso que no nos reclame nada y tampoco veo el paraíso como un destino al que llegar, sino como una estrella polar por la que guiarse en la navegación.

Tal vez la adivina, como suele ocurrirles a las mujeres, como suele ocurrirme a mí, solo había querido ofrecerme algo que me hiciera sentir bien, crear esa utopía microscópica que son los momentos de amabilidad, aunque es significativo que una desconocida deseara hacerme un regalo. Hace unos años, en el mercado de agricultores, un hombre corrió tras de mí para entregarme un pequeño tarro hexagonal de miel que vendía en su tenderete; me había reconocido, aunque era la primera vez que yo lo veía. Haberme convertido en una persona a quien de vez en cuando los desconocidos quieren recompensar porque consideran que les he dado algo es una maravilla. Un día una joven que pasaba por delante de una caseta donde yo firmaba libros se arrancó con un baile espontáneo al verme, y tal vez esa sea la cima de mi carrera: dar de algún modo pie a la alegría de otra persona. Era la primera vez que nos veíamos, pero los libros tienen ese efecto: llegar más lejos que quienes los han escrito.

Hay otra historia sobre heridas y reparación que en los últimos años ha despertado mucho interés. Tiene que ver con el arte japonés del *kintsugi*, que significa literalmente «reparación dorada». Es un método para arreglar vasijas de cerámica rotas utilizando un adhesivo de polvo de oro mezclado con laca. El resultado es que las rajas se convierten en venas y canales de oro, lo que resalta que el recipiente se ha roto, en vez de disimularlo, y le otorga un valor que antes no poseía. Es una forma de aceptar que las cosas jamás serán lo que fueron, sino que pueden transformarse en algo distinto, con una belleza y un valor diferentes. Esas tazas y esos cuencos con canales de oro que parecen cicatrices mágicas, dibujos enigmáticos, mapas de carreteras, jeroglíficos, son objetos exquisitos. Logran que me guste el oro.

Mi amiga roshi Joan Halifax, líder budista y feminista, antropóloga y viajera empedernida, en diversas visitas a Japón ha tenido en sus manos esas vasijas reparadas, y hace unos años las exploró como metáfora. «No insinúo que debamos buscar el quebrantamiento como manera de adquirir fuerza, aunque algunas culturas sí persiguen la crisis en sus ritos iniciáticos para fortalecer la personalidad y abrir el corazón —escribió—. Más bien propongo que las heridas y los daños que se originan cuando nos precipitamos por el borde hacia el sufrimiento moral [...] pueden ser medios para la "reparación dorada", para desarrollar una capacidad mayor de mantenernos firmes en nuestra integridad sin que el viento nos bambolee.» Y la amiga que me había regalado la mesa me envió una carta para dar el visto bueno a lo que había escrito sobre ella y la terminó con un verso de William Stafford: «He tejido un paracaídas con todo lo que se ha roto».

En realidad, las personas no estamos destinadas a ser nada, porque no estamos hechas: nacemos con unas inclinaciones innatas y posteriormente los hechos y los encuentros nos conforman, nos frustran, nos escaldan, nos animan. «A pesar de todo» alude a las fuerzas que intentan detener a una persona o cambiar su naturaleza y determinación, y «quien estaba destinada a ser» invita a pensar que esas fuerzas no triunfaron del todo. Fue un sino hermoso entregado por una desconocida y lo acepté, junto con la sensación de que estaba destinada a ser una ola rompiente de algunas historias y la creadora de otras; una rastreadora de las grietas y en ocasiones una reparadora, y a veces una porteadora o incluso una nave para la carga más valiosa que se pueda llevar: las historias que esperan ser contadas y las historias que nos liberan.

Agradecimientos

Mirándolo ahora, este es un libro sobre obstáculos y animadversiones, pero también sobre quienes construyen puentes y sobre amabilidades, y por las últimas tengo que dar muchas gracias; a las últimas les debo mi supervivencia. Estoy aquí debido a las fuerzas que protegen a las personas vulnerables, alientan a las excéntricas y educan a las ignorantes.

Gracias, señor James V. Young (1920-1989), por un hogar y la amistad.

Gracias, Western Addition, por una educación en urbanismo.

Gracias, _____, por una mesa sobre la que escribir.

Gracias a los tres David principales de cuando era veinteañera.

Gracias, hombres homosexuales; gracias, cultura gay; gracias, ciudad refugio en aquellos tiempos en que tus principios eran más elevados que tus alquileres. Gracias, San Francisco, por la política de regulación de arrendamientos, sin la cual mi trayectoria no habría sido posible.

Gracias, clínica Lyon-Martin, por ofrecer atención sanitaria gratuita a esta chiquilla heterosexual en tus espacios respetuosos con los gais.

Gracias, Ocean Beach; gracias, Pacífico; gracias, sirenas de niebla y gaviotas. Gracias a las personas que protegieron el inmenso cinturón verde en torno a San Francisco por el que he paseado este último medio siglo.

Gracias, Biblioteca Pública de San Francisco y bibliotecas de la Universidad de California en Berkeley, por las horas que he pasado en vosotras, por los libros y archivos a los que he tenido acceso y por los ideales que propugnáis. Gracias, librerías independientes, en especial Moe's, City Lights, Green Apple, Green Arcade y todas las librerías de viejo de antaño.

Gracias, Universidad Estatal de San Francisco, por hacer sitio a una estudiante de otro centro universitario y por ofrecer horarios que iban bien a los alumnos que trabajaban; gracias, Noel Wilson, mi profesor de Shakespeare, por alentarme y por conseguirme mi primer empleo en un medio de comunicación, el *San Francisco Magazine*, donde fui verificadora de información en prácticas.

Gracias al Museo de Arte Moderno de San Francisco, a su personal de investigación y colecciones y a la bibliotecaria Genie Candau. Gracias, Sierra Club, por treinta y cinco años de convergencia y evolución.

Gracias, Escuela de Posgrado de Periodismo, en especial a Bernard Taper, David Littlejohn y Ben Bagdikian.

Gracias a los artistas que me enseñaron a considerarme escritora: Linda Connor, Ann Hamilton, Richard Misrach, Lewis DeSoto y Meridel Rubenstein.

Gracias a Gent Sturgeon y Rex Ray, de City Lights, y a Paul Yamazaki, que llegó más tarde.

Gracias, Rebecca Biggs, Steve Rosenberg y Rob Langenbrunner, los primeros que me publicaron en la revista *Frank*; gracias, Tim Yohannon y *Maximum Rock'n'Roll*, ídem; gracias, Flora de *Music Calendar*, Cecile McCann de *Artweek* y Gary Kornblau de *Art issues*.

Gracias a Bill Berkson, Michael McClure y Barbara Stauffacher Solomon, los primeros que me dieron aliento cuando era una veinteañera, y a Mike Davis y Lucy Lippard, que llegaron a mí después de que cumpliera los treinta.

Gracias a mis grupos de activismo contra la guerra de la Sociedad Secreta de Acción Directa del Área de la Bahía (BADASS), el de 1991 contra la del Golfo y el de 2002-2003 contra la de Irak.

Gracias a los guapos moteros que una mañana de octubre de 1991, en una mesa compartida de Denny's, en la interestatal 5 al norte de Los Ángeles, me escucharon y me dejaron convencerlos de que Anita Hill decía la verdad.

Gracias, Nevada: Bob Fulkerson, Carrie y Mary Dann, Corbin Harney, el jefe Raymond Yowell, Bernice Lalo, Grace Potorti, Virginia/Dee-Dee Sanchez, Jo Anne Garrett, Marla Painter, Kaitlin Backlund y mis colaboradores en la primera versión del Proyecto de Defensa de los Shoshones Occidentales.

Gracias a los movimientos ecologistas y contra la intervención militar de los años ochenta, al Rainforest Action Network, donde fui voluntaria en aquella época (y donde conocí a Brad Erickson, del Environmental Project on Central America, de quien aprendí mucho sobre justicia medioambiental mientras él la aprendía de los ancianos kutchines y masáis); gracias, amigos activistas del movimiento antinuclear y del Emplazamiento de Pruebas de Nevada de la década de 1990; gracias, activistas por el clima del siglo XXI, entre quienes se cuentan muchos amigos y colegas, Bill, May, Anna, Joe, Steve, Mike B., Antonia y Red.

Gracias, Cleve Jones, por aquel momento de 2018 en que, como me presenté con la magnífica pancarta confeccionada por la artista Stephanie Syjuco, me situaste en la cabecera de la manifestación de hombres gais que avanzó por nuestro bulevar central; quizá fuera mi momento más espléndido de éxito como ciudadana de San Francisco. Gracias por la pancarta de la democracia, Stephanie.

Gracias a Garnette Cadogan, Elena Acevedo y Jaime Cortez por vuestra amistad, perspicacia y comentarios sobre el original.

Gracias, al cabo de seis libros, a Paul Slovak, de Viking, que es mi editor y me da aliento desde que en 1997 recibió la propuesta de *Wanderlust*. Gracias a Penguin, en primer lugar, por los económicos libros de bolsillo que me formaron, y después, por la maravilla de ver los míos de tapa dura de Viking como libros de tapa blanda de Penguin con el lomo naranja y su logotipo. Gracias a Bella Lacey y Pru Rowlandson, de Granta.

Gracias, agente Frances Coady, que me da ánimos y fue la primera lectora de este libro.

Gracias a muchos amigos —Marina, Astra, Sam, Leigh, Tina, Ana Teresa, Catherine— y sobre todo a Charles, que caminó a mi lado y compartió conmigo té y más cosas mientras yo escribía este libro.

Gracias a todas las mujeres que han demostrado que las historias pueden cambiar el mundo, que han cambiado el relato colectivo del viejo relato global construido sobre un silenciamiento interminable; gracias a la infinidad de personas que cuentan historias en los medios sociales, en foros públicos, en conversaciones, en las noticias, en libros y juzgados, a quienes con su voz han roto ese silencio y así han abierto espacio para que se escuchen otras voces, quizá antes de que también ellas se conviertan en supervivientes con una historia terrible que contar.

Gracias, feminismo. Gracias, intersecciones.

Un brindis por la liberación de todos los seres.

Este libro acabó
de imprimirse
en Barcelona
en febrero de 2021

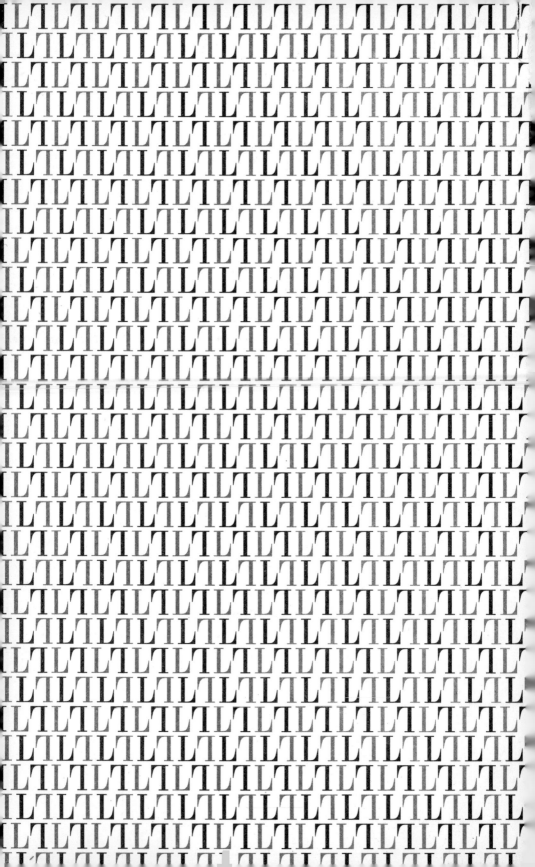